Irmgard von der Lühe · Eine Frau im Widerstand

Irmgard von der Lühe

Eine Frau im Widerstand

Elisabeth von Thadden

Verlag August Lax

1989

CIP-Titelaufnahme der Deutschen Bibliothek

von der Lühe, Irmgard
Eine Frau im Widerstand · Elisabeth von Thadden /
Irmgard von der Lühe. — Hildesheim: Lax, 1989.
  ISBN 3-7848-7012-0

Inhalt

Über das Buch

Im Mai 1941 entzog das Badische Unterrichtsministerium Elisabeth von Thadden die Genehmigung zur Leitung ihres Landerziehungsheimes Wieblingen bei Heidelberg, „da das Unterrichtsunternehmen keine ausreichende Gewähr bietet für eine nationalsozialistisch ausgerichtete Erziehung der Jugend". Die bekannte protestantische Erzieherin war von einer Schülerin denunziert worden. — In Berlin fand sie zu aktiven Widerstandskreisen Kontakt, ohne jedoch an den Vorbereitungen zum Attentat auf Hitler irgendwie beteiligt zu sein. Sie versuchte lediglich, soziale Hilfe für das vorauszusehende Elend der Nachkriegszeit in die Wege zu leiten, indem sie Verbindung zu Mitarbeitern der Weltfriedensbewegung in der Schweiz hielt.

Dieses Taschenbuch berichtet von der Einkreisung durch die Gestapo, Bespitzelung, Verrat, Verhaftung und von dem mutigen Zeugnis, das Elisabeth von Thadden und andere Frauen und Männer für ein besseres Deutschland abgelegt haben. Roland Freisler, der berüchtigte Vorsitzende des Volksgerichtshofes, konnte sie in einem Monsterprozeß zwar zum Tode verurteilen, nicht jedoch ihren Glauben brechen. Irmgard von der Lühes Bericht ist ein zeitgeschichtliches Dokument.

Zur Autorin

Irmgard von der Lühe, in Mecklenburg geboren und aufgewachsen, war Schülerin Elisabeth von Thaddens. Sie studierte in Rostock und Freiburg i. Br., u. a. bei dem Historiker Gerhard Ritter, der selbst 1944 ins KZ kam. Sie ist Mutter von vier Kindern.

Veröffentlichungen: zunächst die Originalausgabe dieses Buches (1. u. 2. Aufl., 300 S., bei Eugen Diederichs), dann als Taschenbuch (bei Herder). Ferner Erzählungen und Aufsatzbeiträge in Sammelbänden bei Bertelsmann, Suhrkamp, Universitas, Burg, Kogge/Davids Drucke u. a. Außerdem erschienen drei Gedichtbände von ihr: 1979 (vergr.), 1984 „Bewahr deine Träume" (Lax, Hildesheim) und 1986 „Fragen nach der wahren Zeit" (Graphikum A. H. Kurz, Göttingen) sowie in zahlreichen Anthologien, Kalendern und Zeitschriften.

Vorwort zur Neuausgabe 1989

Der vorliegende Lebensbericht hat als zeitgeschichtliches Dokument bleibende Bedeutung, auch wenn man von der besonderen Aktualität im Jahr des fünfzigsten Gedenkens an den Beginn des mörderischen Zweiten Weltkrieges absieht.

Jüngere Leute fragen eindringlich: Wie war es wirklich? Wie konnte es so kommen, wie so sein?

Ältere, die nach dem Kriege zunächst die Ärmel hochkrempeln mußten, um zu überleben, um die äußerlich sichtbaren Trümmer wegzuräumen und um sich irgendeine Existenz aufzubauen, versuchen nun gegen Ende ihres Lebens, es zu überblicken und das noch immer Unbewältigte, die unsichtbaren Trümmer, aufzuarbeiten. Auch sie fragen: Wie war es wirklich? Was ging hinter den Kulissen vor?

Die Verfasserin wurde anläßlich von Vorträgen und Lesungen, auch in Schuien, oft nach dem schon längst vergriffenen Buch gefragt.

Aus diesen Gründen wagen wir, es ein 4. Mal und in neuer Gestalt herauszubringen. Wir, Verlag und Verfasserin, haben uns wieder für die konzentrierte kürzere Form (160 S.) entschieden, die die dreißiger Jahre bis zu Elisabeth von Thaddens Hinrichtung 1944 zum Schwerpunkt hat. Wer sich darüber hinaus intensiver mit dem Leben des jungen Mädchens, der jungen Frau in der Kaiserzeit und den zwanziger Jahren mit ihren schroffen sozialen Fragen beschäftigen möchte, möge sich bitte die Originalausgabe in Bibliotheken besorgen (Irmgard von der Lühe: ,,Elisabeth von Thadden — ein Schicksal unserer Zeit'', 300 S., Eugen Diederichs Verlag Düsseldorf/Köln, 1966 und 1967).

Was die weitverzweigte und höchst aktive Familie von Thadden betrifft, haben wir nur die bewußt an die Öffentlichkeit Getretenen auf der angefügten Familientafel mit ihren Funktionen näher charakterisiert, die anderen, die gewiß ebenso verdienstvoll in Beruf und Familie tätig waren, jedoch nur mit ihren Vornamen erwähnt, nicht zuletzt des Datenschutzes wegen, und bitten dafür um Verständnis.

In einer persönlichen Stellungnahme zu dem Buch würdigte der langjährige Präsident des Deutschen Evangelischen Kirchentages, Reinold von Thadden-Trieglaff, Elisabeths Bruder, diese Forschungsarbeit:

„Was hier an historischem Material zusammengetragen und uns, der Familie, bisher weitgehend unbekannt war, und wie Sie die verschiedenen Abschnitte dieses ungewöhnlichen Frauenlebens auch Fernerstehenden schildern, erweckt meine ehrliche Bewunderung. Der Kontrast zwischen dem Wirken der pommerschen „Gutsherrin" in töchterlicher Stellvertretung einerseits und der geradezu geschichtlichen Leistung in den gefährdeten Situationen der späteren Jahre bis zum Ende dieser einmalig tapferen und zugleich so ungeschützt handelnden Frau andererseits kommt in einer höchst lebendigen und tief erschütternden Weise zum Ausdruck ..."   Irmgard von der Lühe

Vorwort

Im September 1944 wurde im Verfolg des 20. Juli – dem Datum des Attentats auf Hitler durch Claus Graf Stauffenberg – unter anderen auch eine Frau hingerichtet, die keineswegs in die Vorbereitungen des Attentats verwickelt gewesen noch in irgendeiner Weise damit in Zusammenhang zu bringen war, sondern sich lediglich als eine scharfe Gegnerin Hitlers, eine mutige, aufrechte und hilfsbereite Persönlichkeit erwiesen hatte. Von je hatte sie sich sozial eingesetzt und solchen Einsatz spätestens im Jahr 1943 auch für den Tag X, das Ende des Krieges mit seinem vorauszusehenden Hungerelend, in größerem Maßstab durchdacht und geplant. Für dieses „Verbrechen" wurde Elisabeth von Thadden enthauptet.

Ihre Hinrichtung ist eine von elftausendneunhundert Hinrichtungen, die zwischen 1934 und 1944 stattgefunden haben – nicht einbezogen Militärgerichtsurteile und nicht die Tötungshandlungen der SS sowie Judentötungen, bei denen allein insgesamt etwa vierzigtausend Deutsche in Auseinandersetzungen mit dem Nationalsozialismus umkamen (wie Annedore Leber berichtet). Zum Vergleich: in den Jahren 1907 bis 1932 wurden insgesamt zweihundertundfünfundvierzig Todesurteile vollstreckt, und zwar ausschließlich für Mord, auf den die Todesstrafe stand (in vielen Fällen wurde trotz Mords begnadigt).

Unter den fast zwölftausend Hingerichteten der Hitlerzeit befinden sich fast elfhundert Frauen, unbekannte wie auch bekannt gewordene: Johanna Kirchner aus der Arbeiterwohlfahrt, Edith Stein, die jüdische Karmelitin, Sophie Scholl, die Münchener Biologiestudentin, Eva-Maria Buch, die Mitspionin aus der Gruppe Boysen-Harnack 1937.

Der vorliegende Lebensbericht – die gekürzte Neuausgabe einer 1966 und 1967 in zwei Auflagen erschienenen Biographie – greift ein Schicksal unter anderen heraus. Elisabeth von Thadden steht exemplarisch für eine Frauengeneration, die gegen Ende des

Kaiserreiches aufbrach aus der Langeweile ihres bürgerlichen Daseins, um sich den Fragen der Zeit zu stellen und in bisher Männern vorbehaltenen Berufen die Gegenwart mitzugestalten, zunächst vorwiegend im sozialen Sektor. Sie steht exemplarisch für jene Frauen, die den Nationalsozialismus früh durchschauten und sich gegen ihn entschieden. Vor allem steht sie exemplarisch für den ethischen Hintergrund des deutschen Widerstandes, der nicht, wie gelegentlich behauptet, vorwiegend oder gar einzig chauvinistischen Beweggründen entsprang, sondern sich im Gegenteil von hohen moralischen Ansprüchen herleitete.

Der Lebensweg nimmt seinen Anfang in der Gesellschaftsschicht bismarckscher Prägung, die zum Teil vom Glanz der deutschen Kaiserzeit geblendet und mit überkommenem Gedankengut belastet ist. Jedoch sind die Wurzeln tiefer und verzweigter, als sie in diesem kurzen Abriß dargestellt werden können. Elisabeth wandte sich nach dem ersten Weltkrieg zunächst der sozialen Arbeit zu. In den unsicheren und umwälzenden Jahren vor und unter dem Hitlerschen Staatsapparat, in denen „allzu viele schwankend gesinnt sind", stählte sie ihre Kraft in immerwährender harter Auseinandersetzung und behauptete sich als kluge und tapfere Erzieherin und Gründerin einer Schule.

Die letzten Jahre dieses Berichtes aber heben ihn dadurch aus zahllosen anderen heraus, daß er beispielhaft verdeutlicht, was in jener Zeit neben uns, unter uns, mit uns und durch uns geschah. Vor allem die Einzelheiten einer auch im Ausland diskutierten „Teegesellschaft" mit ihren Umständen und Folgen sind von bleibender Aktualität. Elisabeth hatte sich dafür vor dem Volksgerichtshof zu verantworten.

Ein Leben stirbt hin und kann vergessen werden. Erziehungsmethoden können veralten. Die Stimme der Menschlichkeit aber, eines *Menschen* Stimme, wird selbst durch gewaltsamen Tod, vielmehr gerade durch ihn nicht erstickt, sondern unüberhörbar. Dem Unüberhörbaren gilt dieses Buch.

10

Familie

„Was fängt eine Frau mit Geist an?"

Dieser Stoßseufzer ist von der Mutter der kleinen Elisabeth überliefert. In einem plüschbezogenen Kinderställchen spielte der Bruder Reinold, und die jüngst geborene Marie-Agnes schlief in der Wiege, wohlbetreut durch Kinderfrau und englische Nurse, später durch eine französische Mademoiselle, denn wer auf sich hielt, ließ seine Kinder zwei- oder dreisprachig erziehen. Durch die efeuumrankten Fenster der alten Ordensburg Mohrungen in Ostpreußen schien der helle Himmel nur gedämpft in das Kinderzimmer, die Sonne erwärmte die trotzigen meterdicken Mauern nicht.

Das junge Elternpaar, Landrat Adolf von Thadden und seine schmale Frau Ehrengard geb. von Gerlach, zog nach der Geburt des dritten Kindes wieder in die pommersche Heimat Thaddens. Dort übernahm er die Landratsstelle in Greifenberg, nahe dem Familiengut Trieglaff, wo man sich – aus Ehrengards mitgebrachtem Vermögen – ein dem Stil der Zeit entsprechendes schloßartiges Haus neben dem bestehenden, nur bescheidenen Gutshaus baute, das sich in seinem geraden, einfachen Anstand jedoch keineswegs hinter dem neuen Bau hätte zu verstecken brauchen, zumal in seinen Räumen der Geist der Großeltern noch gegenwärtig zu sein schien, wie er so häufig in alten Landhäusern fortzuleben scheint: Fleiß, Rechtschaffenheit, ernste Frömmigkeit.

Das neue „Schloß" schaute auf die anmutigste Weise durch die Bäume auf den Trieglaffer See hinaus; an sich nicht schön, war es mit einem barocken Giebel, geschwungenen Portalen, Terrasse, Balustrade, hohen Fenstern und zum Überfluß mit einem runden Turm ausgestattet, der dem ganzen ein ebenso respektables wie harmonisches Aussehen verlieh.

Das Schloß enthielt an Mobiliar, was Ehrengard selber verkörperte: Jahrhundertwende. Sie war ein komplizierter Mensch, voller Fähigkeiten und Gaben, aber auch voller Gefahren des Temperaments. „Glück" war etwas, das für die Landrätin nicht zur Debatte stand. Sie liebte geschliffene Gespräche, Logik und Kritik, Kunst und Literatur. Möglicherweise war Adolf von Thadden einer jener Männer, die für den Geist einer Frau keine Verwendung haben. Er war bekannt für seine große Liebenswürdigkeit und Gastfreundschaft, geschickt bei Verhandlungen. Schwierigkeiten mied er gern und war überhaupt ein Mensch, der die Dinge mehr sich entwickeln oder auch treiben ließ, anstatt sie bewußt in die Hand zu nehmen. Dabei war er als Landrat pflichtbewußt und von echt preußischer Unantastbarkeit. Er unterzog sich all seinen Aufgaben mit Humor, überhaupt lachte er gern.

Die Mutter machte sich und den Kindern, vor allem der Ältesten, das Leben nicht leicht. Sie forderte viel, glaubte auch zahlreiche Fehler in ihr zu erkennen, die ihr besonders dann Kummer bereiteten, wenn sie sie für ererbt hielt. Diese Mutter war eine herbe Natur, die ihre Gefühle tief verbarg, während das Kind Elisabeth sie sehr liebte und sich nach ihrem Verstehen sehnte. Und da auch der Vater den fehlenden Halt, die Wärme und Geborgenheit nicht eigentlich ersetzte, so litt die Kleine unter dem Mangel. Manches in ihr wurde härter, als es sich am leichten Zügel entwickelt hätte.

Einen gewissen Ausgleich bot die große Verwandtschaft: die liebevollen und klugen Tanten – besonders die Prinzessin-Erzieherin Hildegard von Thadden, die Johanniterschwester Mieze, Tante Lieschen von Oertzen, die fröhliche Schriftstellerin, zahlreiche Vettern und Kusinen: Gerlachs, Kröchers, Alvenslebens, Veltheims, Ritters, zu denen man mit der Mutter und einer Hauslehrerin – so daß man nicht von Schulferien abhängig war – reiste und wo man einen ganz anderen, liberalen und großzügigen Lebensstil kennenlernte als in Pommern mit seinen höchsten Tugenden Sparsamkeit, Pflichterfüllung, Bescheidenheit.

Vor allem die Großmutter Marie von Thadden, Tochter des frühen Wunderkindes und späteren Danteforschers Witte, übte einen tiefen und immer ausgleichenden Einfluß auf die Familie aus. Dieses galt besonders für die Zeit nach Ehrengards frühem Tod: sie starb an einer sechsten Schwangerschaft, als ihre Älteste kaum achtzehn, die Jüngste acht Jahre alt war. Nach dem alle zutiefst erschütternden, plötzlichen Verlust wurde Großmutters Zimmer verstärkt der Ort, wo man seine Kümmernisse abladen konnte. Und wie ein schützendes Gehege umstand die Tantenschaft das verwaiste Haus und schloß die große Verwandtschaft sich um so fester zusammen.

Für Waisenschicksale bewahrte Elisabeth sich fortan ein besonders warmes, aber zugleich unsentimentales Verständnis, es wirkte in ihre spätere Lebensarbeit hinein. Das Bild der Mutter, ein melancholisches und beinahe abweisendes Antlitz, hing in Elisabeths Zimmer, eine dauernde Forderung.

Viele junge Menschen müssen nach einer Aufgabe erst suchen, sich durchtasten. Elisabeth fiel ihre erste Aufgabe jäh vor die Füße: aus einem Ausbildungsjahr in ländlicher Hauswirtschaft an einer Reifensteiner Maidenschule kehrte sie 1910 in ein scheinbar eng begrenztes Arbeitsgebiet nach Trieglaff zurück, um dem Vater den verzweigten Gutshaushalt zu führen. Sie nahm die Last tapfer auf.

Sie besprach mit „Mamsell", der Wirtschafterin, was es zu Mittag geben sollte, sie wußte, was dafür aus dem Garten für die an vierzig Personen in Leutestube, Küche und am Familientisch zur Verfügung stand. Sie unterrichtete sich, wie viele Eier die Hühner legten, welche und wie viele Glucken brüteten. Sie teilte die Arbeit der Mädchen ein. Die winterlichen Schlachttage forderten ihr und allen besonders viel an Arbeitseinsatz und Kenntnissen ab, denn es war üblich, daß die Gutsfrau – und das war Elisabeths Rolle – sich voll darauf verstand, jeweils mehrmals im Winter zwei Schweine und ein Rind mit Hilfe einiger Frauen zu verarbeiten zu Schinken und Speckseiten, Eisbein, Koteletts, Braten, Wellfleisch und zahllosen Würsten – Vorrat fürs ganze Jahr. Ebenso hatte das sommerliche Einmachen von Zentnern Obst und Gemüse die Ernährung zu sichern in einer Zeit, in der man weder Tiefkühlkost noch Dosengemüse kannte. Elisabeth war klug genug, um zu wissen, daß ihre jugendliche und darum anfechtbare Autorität von ihren gründlichen Kenntnissen auf jedem Arbeitsgebiet und ihrem vollen Einsatz abhing. Über den reinen Haushalt hinaus kümmerte sie sich auch um Schafbockverkäufe, Fischlieferungen aus dem See, vor allem aber um Krankheit in den Arbeiterfamilien, Altengeburtstag im Dorf – Kuchen, Blumen, Geschenk und besonders Besuch. Alle nötige soziale Hilfe war vom Gut aus zu leisten. Ferner trieb sie etwa der Wechsel einer Hauslehrerin für die jüngeren Geschwister um. Oder das Kochen von Seife in breiten Zubern. Die große Wäsche für den riesigen Haushalt. Die tagelang währende Reparatur der mächtigen Mangel – eine gewaltige hölzerne Konstruktion, die mit Flaschenzügen und Gewichten einen ganzen Raum einnahm, in welchem es nach frischer Wäsche duftete, die man knapp feucht zwischen die riesigen Rollen schob, um sie glänzend „steifleinen" wieder herauszuziehen. Weihnachtsvorbereitungen für das ganze Dorf: jeden passend bedenken. Und jährlich auf ihr eifriges Betreiben der Bau eines neuen Arbeiterwohnhauses.

Das alles ging durch des Mädchens Hände und Kopf und forderte all seine Kraft. Es wuchs daran zu einer starken Frau, die alles überblickte, alles zu ordnen verstand, nichts vergaß, nie erlahmte und in oft stürmischer Eile, gelegentlicher Sprunghaftigkeit und durch rasche Entscheidungen nicht für möglich gehaltene Ziele erreichte.

Denn spätestens mit Beginn des Weltkrieges sollte sich zeigen, daß der „eng begrenzte Raum" eines ostelbischen Gutshaushaltes, soviel er auch von seinen Frauen verlangte, diesem Mädchen ein allzu schmales Tätigkeitsfeld bot.

Die meisten Bürgertöchter jener Zeit verbrachten ihre Tage im Elternhaus ohne einen eigentlichen Lebensinhalt, versuchten, die Zeit mit Staubwischen und Handarbeit, Malen, Zeichnen, Lektüre und Geselligkeit zu füllen, und warteten auf eine Heirat. Verstand eine von ihnen wirklich zu kochen, dann war das viel. Die Leere dieses Lebens brachte manche von ihnen an den Rand der Verzweiflung: „Das kann doch nicht immer und immer so weitergehen!" Ein Ausbrechen aus dem Gefängnis der Vorurteile schien für die allerwenigsten denkbar, geschweige denn durchzuführen.

Zwar hatte in Berlin, las man gelegentlich, eine Frau behauptet, daß Mädchen genauso lernfähig wie Knaben seien. Um das zu beweisen, hatte sie sogar gymnasiale Kurse für Mädchen eingerichtet. Die armen Dinger mußten ihre Lockenköpfe nun außer mit dem nützlichen und wohlklingenden Französisch – das übrigens Elisabeth lebenslang fließend, aber mit ihrem spezifisch pommerschen Akzent sprechen sollte – mit Latein, Mathematik und sogar Griechisch vollstopfen.

Fräulein Lange hieß diese Dame, die so wenig von den Erfahrungen der Jahrhunderte hielt – Helene Lange, und sie erdreistete sich, über ihre Ideen Vorträge für Frauen zu halten. Einige ließen sich von ihr verleiten und setzten die Männer- und Frauenwelt in Erstaunen, indem sie die staatliche Reifeprüfung bestanden und – zuerst nur im Ausland, wo man so frei war, weibliche Hörer zu dulden – ein Studium absolvierten. Die ersten Jahrgänge befanden sich bereits im Beruf. Das sah Helene Lange als Beweis für ihre Behauptungen an.

14

Elisabeth hörte davon in etwa dieser Version – spöttisch, gönnerhaft, mitleidig, empört. Doch war sie selber schnell fasziniert. Allein schon das Wissen um die Möglichkeit, nicht herumsitzen und auf eine Ehe warten zu müssen, um eine Persönlichkeit zu werden, allein schon die Tatsache, daß eine Frau nicht ausschließlich vom Mann ihr Selbstwertgefühl zu beziehen brauchte, beflügelte ihre Arbeit daheim, und sie inspirierte in diesem Sinne ihre jüngeren Schwestern. „Was fängt eine Frau mit Geist an?" – die Frage ihrer Mutter würde beantwortet werden.

Doch wie immer tat Elisabeth den praktischen *nächsten* Schritt.

Friedrich Siegmund-Schultze

Der Ausbruch des ersten Weltkrieges wurde von der Familie, die durch ihre Berliner Beziehungen gut unterrichtet war, mit Beklommenheit erlebt. Ein naher Freund Thaddens, Staatssekretär Georg Michaelis, gab einen privaten Sitzungsbericht aus den letzten Julitagen 1914: „Der Eindruck der Bundesratssitzung war bedrückend. Über dem kurzen Vortrag lag tiefe Niedergeschlagenheit. Wir alle waren uns der ungeheuren Schwere des Augenblicks bewußt. Wir sind nicht vorbereitet, wie die Welt behauptet. In tiefster Schwermut zog Bethman-Hollweg nur die Folgerungen aus einer Zwangslage, in die er von außen versetzt war."

Von hier bezog auch Elisabeth eine skeptische Position. Praktisch tätig, widmete sie sich bald einer ihr naheliegenden Aufgabe, die ihr ein junger Pfarrer aus Berlin-Ost zuschob: der Aktion „Stadtkinder aufs Land". Mit anderen entwickelte sie sie zu einer großangelegten Organisation, in deren Rahmen Hunderttausende von Kindern von Berlin und der Ruhr nach Holland, Dänemark und Norwegen zur Erholung geschickt wurden. Auch die Güter in Mecklenburg, Pommern, der Mark und Ostpreußen nahmen ständig ganze Gruppen von Kindern zu sich. Ein Paradies tat sich ihnen auf: aus Hinterhöfen kommend, nun große Rasenflächen, unermeßlicher Platz zum Tollen, Geruch von Heu, Stall oder Korn über dem weiten Hofraum, Bäume ums Haus, viel Licht in den Fenstern der Gruppenschlafräume. Und vor allem der See zum Baden. „Es war ringsherum jrün, man war mittendrin, brauchte keine Biljet. Umstände wern och nich jemacht. Dat eenzije wat se verlangt is: man muß Frollein jehorchen. Vasteckspiel im Kuhstall is nich wejen die Milch, un die Betten wern morjens selber un ornlich jemacht." Elisabeth hatte keine Schwierigkeiten mit den Kindern.

Jener junge Pfarrer, Friedrich Siegmund-Schultze, war damals schon kein Unbekannter mehr.

Unter seiner Kanzel an der Potsdamer Friedenskirche, der

Zivilkirche des Kaisers, hatte er häufig die Kaiserin und ihre Angehörigen und Gäste gesehen, unter anderem Prinz Max von Baden, mit dem er bald sehr befreundet war. Wilhelm II. mochten die sozialen Seitenhiebe des jungen Pfarrers mißfallen. 1910 verließ Siegmund-Schultze seine aussichtsreiche, begehrte Position, um sich mit seiner Frau, einer geborenen Freiin von Maltzahn aus Mecklenburg, in den dunklen Straßenzügen von Berlin-Ost niederzulassen – nach dem Vorbild der amerikanischen „Settlements", durch die, zuerst in Chicago, gebildete Christen Proletariern nahezukommen suchten. Er hatte jahrelang die vornehme Welt unter seiner Kanzel versammelt, aber wo die Armen blieben, denen das Evangelium zu sagen Jesus seine Jünger gesandt hatte, fragte er sich – und fand sie, nicht einzelne, sondern Massen in Armut, Schmutz, sittlicher Verkommenheit, Alkoholismus und voller Haß. Sein Appell fiel unter einigen Adeligen auf fruchtbaren Boden: hatte doch Hans von Kleist schon 1846 hartnäckig Handwerkerschutz, Arbeiterschutz, höhere Löhne und kürzere Arbeitszeit (sie betrug damals 16 Stunden täglich auch für Frauen und Kinder) gefordert; ferner, daß die durch steigende Industriegewinne aufgebrachten Steuern gegen die Verelendung des entstehenden Proletariats, für sozialen Wohnungsbau, zur „Förderung von Zucht, Ordnung, Selbstachtung (!) und Standesbewußtsein (des Arbeiters), Gesittung und Bildung… und zur Schaffung eines gesunden Arbeiterstandes" bereitgestellt würden. Fortschrittliche, Liberale hatten Kleist damals erbittert bekämpft, die Mahnung aus der „reaktionären" Ecke Preußens überhört, bis nach der Gründung der sozialdemokratischen Partei 1869 Staat und Parteien aufhorchen mußten.

Seit 1916 kamen Siegmund-Schultze und seine Familie wiederholt ins Thaddensche Haus. Er und die Seinen sollten besonders für Elisabeths Entwicklung – und ihren Tod – von entscheidender Bedeutung werden. In einer schweren Zeit für die Geschwister bat Reinold die Freunde: „Verlaßt Elisabeth nie, bitte ich euch, denn sie braucht euch." Und Elisabeth schreibt Jahre später: „Ich habe nie in meinem Leben solche Entlastung meiner Seele erfahren wie im Zusammensein mit euch."

1916 konfrontierte er die leicht entflammbare Familie, besonders Elisabeth, mit der Frage nach dem Weg und der Zukunft der Proletarier. Hier sah sie endlich jemanden, der nicht alles beim alten beließ, sondern einen „konservativen Revolutionär", der den Kampf gegen Unkenntnis und Gleichgültigkeit aufgenommen und zu diesem Zweck die „Soziale Arbeitsgemeinschaft" gegründet hatte. Er sprach von Mief, Hunger und Lumpen, Arbeitslosigkeit und Diebstahl, von Massen von Frauen, die in den Munitionsfabriken schufteten, während die Männer an der Front waren und die Kinder verkamen. Solch ein Volk sollte den Krieg gewinnen? Die Blockade bestehen?

Nachdem Michaelis 1917 Reichskanzler geworden (was allerdings zunächst bei der Mehrzahl des Reichstages ungläubiges Staunen hervorgerufen hatte) und kurz darauf wieder durch einen Tumult im Reichstag gestürzt worden war, da der an sich fähige Mann es nicht verstanden hatte, die Parteien für seine Politik zu gewinnen, lud Elisabeth Siegmund-Schultze ein weiteres Mal nach Pommern ein:

„In dieser Gegend geht das Verlangen, dem ich mich anschließe, Näheres über die Ziele und das Wesen der Sozialdemokraten zu hören, weil man sich ja damit vertraut machen muß, daß ‚die Bande' uns regieren wird. Wäre es Ihnen wohl möglich, zur Erhaltung des Burgfriedens einen Vortrag über dieses Thema bei uns zu halten? Vielleicht versuchen Sie wirklich, uns aufzuklären, für Ihre Arbeiter zu sprechen... Und bitte bringen Sie Bücher mit! Wenn Sie und Ihre Frau dann noch eine Weile bei uns blieben... sollte es uns eine große Freude sein und Ihnen am Ende eine nötige Erholung."

Die übermütige Antwort:

„Wenn mir auch der neuerdings eingeführte Beweggrund – Vortrag über das Wesen der Sozialdemokratie – eine gütige Täuschung zu sein scheint, bewegt uns doch zweierlei stark in der Richtung Trieglaff: 1. Sehnsucht nach einer so ruhigen Aussprache, wie sie um Ihren Tisch und Kamin herum möglich ist; 2. hausväterliche Verpflichtung, den angebotenen Gänsesegen der Familie nicht zu entziehen. Ich würde mit Ihrer Hilfe berechnen: a) wieviel ich täglich esse, b) wie lange Sie mich in Trieglaff ertragen *hätten*, und würde dann durch vorzeitiges Abfahren leider nicht vertilgte Menge in mehreren zu diesem Zwecke mitgebrachten Koffern dem gefräßigen Nachwuchs zuführen. Wenn Sie zu einem Verzichtfrieden aufgrund dieser Berliner Annexionsansprüche bereit sind, würde ich den leidtragenden Vereinen Berlins mitteilen, daß ich für Montag, d. 26., und Dienstag, d. 27., hier als ‚vermißt' zu führen sei. Grund: Hamsterfahrt, was jetzt hier auch in den besten Familien zum guten Ton gehört. Geht denn die Bahn noch bis ‚Sibirien'? Auch für Nicht-Junker geöffnet? Schließen

Sie bitte aus diesem meinem Brief nicht auf freudige Ereignisse oder fröhliche Stimmung. Aber Trieglaff macht lachen. Ihre vielgeplagten Siegmund-Schultzes."

Eine weiträumige Freundschaft entstand zwischen dem Ehepaar und Elisabeth. Er: sportlich, schlank, aber stark hinkend mit einem zu kurzen Bein, hart mit sich selbst, hellen Auges, sprühenden Temperaments, nicht ohne Ehrgeiz, in Erkenntnissen und Entwürfen seiner Zeit voraus, mit bereits weitreichenden internationalen Verbindungen – Faith and Order, Weltfriedensbewegung, Una Sancta und vielen anderen, als Mitbegründer.

Sie: äußerlich klein, unscheinbar, still, jedoch voll warmer Teilnahme, die aus ihren Augen sprach, den Weg ihres Mannes in voller Bejahung mitgehend, soviel auch von ihr gefordert werden sollte. Konnte er aber immer Kraft schöpfen aus seinen Kontakten mit den einflußreichsten Menschen seiner Zeit, so schien Maries Leben damals eingeengt von bedrückenden Verhältnissen, Leiden und Nöten, die ungezählte Hilfsbedürftige ihr ins Haus schleppten, und Sorgen um die Ihren, die sie nachts überkamen.

Mit beiden war für Elisabeth gegenseitige Seelsorge im tiefsten Sinne möglich: Verschwiegenheit und darum Geborgenheit. Die tapfere Vielkindermutter erfuhr von ihr Ermutigung, die selbständige Elisabeth brauchte und erhielt einen Ort mütterlicher Wärme.

Elisabeth 1917: „... Ein sehr trauriges Schicksal ... (beschäftigt mich) ... so daß es jetzt ... dunkle Nacht ist nach einem strahlenden und besonders hoffnungsvollen Sonnenschein ... Ich möchte nur, daß Sie den Schlüssel haben zu meiner dummen nervösen Stimmung, die mich die letzten Tage so stark wie noch nie überrannte. Es kam von den langen Nächten, die sie immer wieder brachten, die Tränen und die Zweifel, und daß wir sie doch nicht verstehen können, Gottes unerforschliche Wege. Es war ein Zustand, wo der allzu straff gespannte Bogen nachläßt, seine Elastizität verliert und dann nicht mehr schußbereit ist, sondern sich nach allen Seiten hin bewegt. Und doch soll man immer trösten und tragen helfen, wenn es einem auch selbst das Herz verwundet und zerreißt! ... Ich schreibe dies nicht aus Weltschmerz oder aus sentimentalen Anwandlungen, sondern weil ich Sie durch keinen Schein täuschen möchte ... Großmutters Krankheit, sie liegt recht erkältet und matt im Bett, hat meinen Bogen wieder angespannt ... Ich hatte leider zuwenig Zeit, diesen Brief kurz zu fassen ..."

Aus den persönlichen Kontakten und den gelegentlichen Vorträgen ergab sich Elisabeths Einladung zu der ersten „Trieglaffer

Konferenz" im Frühsommer (vor der Ernte) 1918, der in den nächsten Jahren weitere folgten. Hier gab sie Siegmund-Schultze Gelegenheit, seine Ideen zu verbreiten. Teilnehmer waren im Lauf der Jahre zunächst Frauenrechtlerinnen wie Alice Salomon, Reichstagsabgeordnete wie Erkelenz, Wissenschaftler wie Rosenstock-Huessy, Tillich, Juristen wie Alix Westerkamp und viele andere.

Themen waren „Stadt und Land" (das Auseinanderleben und mögliche Abhilfe), „Landflucht" (das Problem der Rücksiedlung von Arbeitslosen auf das Land), „Volkshaus in Berlin-Ost" (der neue Plan und die Finanzierung eines Gemeinschaftshauses, des ersten seiner Art, zu sinnvoller Freizeitgestaltung), „Das Tagheim für schulentlassene Mädchen", ein Versuch, Kurse zur Weiterbildung anzubieten. Jugendgerichtshilfe, Fürsorge jeder Art, Schutz für Minderjährige, Jugendbibliothek, Gesundheitspflege, Stenokurse, Schneidern, Schuhkurse, Bürgerkunde, Abendturnen, Lesehalle, Abendheim, Tanz, Spiele, Stellenvermittlung, Vermittlung aufs Land, Ferienkolonie und vor allem die Gründung des Berliner Städtischen Jugendamtes, dessen erster Leiter sein Gründer Siegmund-Schultze wurde – alles Neuland, alles von dieser Arbeitsgemeinschaft erfunden. Vieles noch im Versuchsstadium, massenhaft Vorarbeit, Kleinarbeit, war es doch wegweisend für die Geistes- und Sozialgeschichte der kommenden Jahre und Jahrzehnte: „Sozialisierung von aller Art Betrieben," „Klassen- und Parteiengegensätze", „Gottesdienst und Zukunft der Kirche", „Sittlich-soziale Aufgaben", „Planwirtschaft", „Siedlungspolitik und Aufsiedlung von Großgrundbesitz". Grundsätzlich gab es keine Tabus für politische und weltanschauliche Gespräche.

Tagungsteilnehmer waren Sozialisten und Konservative, Arbeiter und Selbständige, Großstädter und Kleinstädter, Bauern, Lehrer, Pastoren, Sozialarbeiter (ein Pionierberuf). Zunächst kamen siebzig, später einhundertzwanzig Interessierte zu lebhafter Diskussion über einige Tage. Elisabeth leistete die Organisation aus dem Stegreif: sie brachte die weither angereisten Gäste auf den Nachbargütern unter, Trieglaff selbst übernahm fünfundzwanzig. Das Essen war einfach, der geistige Austausch anspruchsvoll. Siegmund-Schultze hat mit diesen Tagungen den Gedanken der nach 1945 gegründeten evangelischen Akademien vorweggenommen – wie vieles andere auch –, zu dem er Anstöße gab.

In Elisabeth zündete vor allem Alice Salomons Vortrag „Sozialisierung..." von 1918, der wie folgt protokolliert ist: „Die soziale Frage ist auch, aber eben nicht nur eine Brotfrage, sondern eine Bildungsfrage. Der Arbeiter verlangt nach mehr persönlicher Achtung, nach gesellschaftlicher Gleichberechtigung. Diese leidenschaftlich erregten und seelisch jetzt völlig aus dem Gleichgewicht geratenen Menschen, mit denen wir da zu tun haben, werden sich nicht so leicht beruhigen ... Es lebt doch im Sozialismus der große und starke Gedanke, der unmittelbar an das Christentum anknüpft ... daß jeder die Möglichkeit hat, eine Stellung zu erringen, die seinen Gaben und Leistungen entspricht. Es ist der tiefste Sinn des Sozialismus, die Fesseln der Klassen zu sprengen ... Es muß in jedem Menschen das Gefühl der Verantwortlichkeit stark werden ... nur dann werden wir einem Kampf aller gegen alle entgehen ..." War es zu verwundern, daß diese Worte in Elisabeth ein Feuer entzündeten, das nicht mehr erlosch? Sie reagierte: ,,Die Konservativen müssen sich zuerst wandeln." Später fand sie zu einer Ausbildung in Dr. Alice Salomons Sozialschule.

Friedrich Naumann, Gründer und Leiter der nationalsozialen Gruppe, später der demokratischen Partei, ein Mann von weitreichendem Einfluß, drängte Siegmund-Schulze mehrfach, für den Reichstag zu kandidieren. Doch dieser vermochte sich nicht irgendeiner Partei anzuschließen. Er stand sowohl den Deutschnationalen als den Sozialdemokraten, den Kommunisten wie den Liberalen, den Katholiken wie den Protestanten nahe – aber auch fern. Sein Lebensinhalt war: Brücken herstellen. Die Sozialdemokratische Partei war damals eine reine Arbeiterpartei ohne bürgerlichen Einschlag, radikal in ihren Forderungen und kompromißlos der ,,Rechten" gegenüber. Daß das konservative Hinterpommern sich in Trieglaff mit Sozialdemokraten traf, war einmalig. Siegmund-Schultzes Konzeption war umstritten. Uneingeschränkte Anerkennung fand sein Aufruf an das Ausland 1919, den ,,Kindermord von Bethlehem" – die Hungerblockade um Deutschland – zu beenden. Er tat das in einer Form, die vor Härten nicht zurückschreckte, alles mit Zahlen belegte, jedoch keinerlei Haß schürte, sondern zur Versöhnung rief, die ja bereits in Berlin praktiziert wurde, indem ausländische Kinder trotz Blockade Speisungen von deutschen Stellen erhielten.

Siegmund-Schultze war es, der den Begriff ,,Volksgemeinschaft" prägte. Adolf Hitler hat dieses sein Schlagwort von ihm übernommen, als Siegmund-Schultze Anfang 1920 in einer großen Studentenversammlung in München sprach. Die allgemeine große Aufgeschlossenheit für derartige Vorträge, die Massen der Interessierten, die die Säle fast sprengten, die vibrierende Erwartung können wir uns heute kaum mehr vorstellen. Siegmund-Schultze war zu diesem Vortrag autorisiert als Sekretär des Christlichen Studentenweltbundes – eines seiner zahlreichen Ämter. – Dieser Verband wurde 1934 mit anderen evangelischen Jugendverbänden aufgelöst, formal in die nationalsozialistischen Gliederungen zwangsüberführt, jedoch in der losen Form der „Studentengemeinde", wie sie heute noch besteht, weiter geduldet.

Kurz vor Beginn der Rede kam der Leiter jener Veranstaltung, Studentenführer Beck, der nach Günter Weisenborns Feststellungen 1934 ermordet worden ist, erschrocken zum Redner: „Hitler kommt in den Saal." Tatsächlich erschien dieser lauten Schrittes mit einer Anzahl seiner Männer, die Reitpeitschen und Schulterriemen in der Hand mit sich führten. Sie blieben im Hintergrund, setzten sich auch nicht, sondern gingen hinter den letzten Stuhlreihen auf und ab und versuchten, Unruhe zu verbreiten. Das Thema, „Volksgemeinschaft", sollte Diskussionsgrundlage sein. „Wenn Hitler da ist, ist eine Aussprache unmöglich", erklärten die schon erfahrenen Münchener, „er läßt die Versammlung sprengen." – Während der Pause bildete sich schnell ein Knäuel um Hitler und seine Leute. Nach einigem Hin und Her von Stimmen hörte man ihn laut sagen: „Der Mann hat ganz meine Meinung ausgesprochen." Er verließ vor der Diskussion den Saal, machte sich das Thema zu eigen und verkündete es von nun an auf all seinen Versammlungen, allerdings immer nur jene meinend, die zu ihm, dem Führer, ja sagten. 1932 bot er dem Redner jenes Abends zweimal das Amt des Kultusministers in seinem zukünftigen Kabinett an. Siegmund-Schultze lehnte ab wegen Hitlers bereits in seinem Parteiprogramm verankerter Stellung zum Judentum und seiner zwangsläufig damit verbundenen Einstellung zum christlichen Glauben.

Nachdem Hitler an die Macht gekommen war, sprach Siegmund-Schultze in Berlin mehrfach über Völkerbund, Friedenspolitik und internationale Zusammenarbeit, der seine Lebensarbeit galt. Er war ein naher Freund Bischof Söderbloms in Schweden, Bischof Temples von Canterbury und Mitinitiator des 1907 gegründeten Weltbundes für Freundschaftsarbeit der Kirchen. Als er sich konkret gegen das unwürdige „Juda verrecke" äußerte, das Uniformierte, auf offenen Lastwagen zur Zeit der sonntäglichen Gottesdienste nahe den Kirchen herumfahrend, in Sprechchören durch die Straßen schrien, griff die SA ein. Denn die Zeit der offenen Diskussionen, das eigentlich „goldene" an den gerühmten, gehaßten zwanziger Jahren, war vorüber. Im Juni 1933 wurde er von achtzig SA-Leuten in der Zentrale der Sozialen Arbeitsgemeinschaft umstellt, verhaftet und abgeführt. Als die Häscher erfuhren, welch wichtige Beziehungen er hatte, brachten sie ihn vorerst in sein Zimmer zurück, wo er interniert blieb. Peinlich für seine Wächter war dort der Besuch des amerikanischen Botschafters. Auch der schwedische Gesandte suchte ihn auf. Letzterem schenkte er kurzerhand sein Archiv und seine ökumenische Bibliothek, um sie dem Zugriff der NS-Partei zu entziehen. So blieben alle Unterlagen erhalten. Knapp drei Tage später wurde er, der stets unverblümt Freund und Feind, In- und Ausland die Wahrheit gesagt hatte, aus Deutschland ausgewiesen. Seine große verzweigte Arbeitsgemeinschaft wurde damit zerschlagen. Siegmund-Schultze arbeitete freilich weiter, nun in der Schweiz. Im alten Sinne der Verständigung quittierte er die Verfemung mit seinem 1946 erschienenen Buch „Die Überwindung des Hasses", dem Thema seines Lebens.

Seine Gedanken jedoch lebten in der Familie Elisabeths weiter (und nicht nur dort):

Reinold, der in den Berliner Arbeiterquartieren als Bewährungshelfer gearbeitet hatte, wurde Initiator des deutschen evangelischen Kirchentages, dessen Themen „Wir sind doch Brüder", „Rettet den Menschen" in der Zeit tiefer Ratlosigkeit nach dem zweiten Weltkrieg Wege wiesen. Leni wurde Fürsorgerin. Eta, Gattin des Historikers Percy Ernst Schramm, ging in späteren Jahren in die Politik, wurde SPD-Landtagsabgeordnete und kümmerte sich unter anderem um durch den Krieg furchtbar geschlagene griechische Dörfer. Elisabeth brachte seine Gedanken in ihre Erziehungsarbeit ein und blieb ihm bis zu ihrem Tod persönlich verbunden.

Erziehung zur Verantwortung

1921 heiratete der Landrat, Vater nun erwachsener Kinder, mit zweiundsechzig Jahren ein zweites Mal, und zwar die Freundin seiner jüngsten Tochter, Barbara Blank. Aus dieser Ehe sollten weitere fünf, um eine ganze Generation jüngere Kinder hervorgehen: Adolf, Maria, Barbara, Monika und Astrid.

Die Heirat des Vaters war der äußere Anlaß für Elisabeth, nach Berlin zu gehen, eine Kurzausbildung an der berühmten Sozialschule von Alice Salomon zu absolvieren und sich nach einem Beruf umzusehen. Sie hörte Vorlesungen, lernte bedeutende Leute kennen – das Berlin der frühen zwanziger Jahre mit seinen leidenschaftlichen politischen und weltanschaulichen Auseinandersetzungen und mit seinem Arbeiterelend. Sie kam mit Menschen zusammen wie Adolf von Harnack, Friedrich Naumann, Elly Heuss-Knapp, Anna von Giercke. Gerade diese Frauen verstanden die neuen geistigen Linien in die Praxis zu führen. Über Marie Baum, Regierungsrätin in Baden, eine Freundin der Dichterin Ricarda Huch, erhielt Elisabeth ihre erste Stellung im Leitungsgremium des Kinderdorfs Heuberg in der Schwäbischen Alb, mit seinen dreitausend Betten die größte Kindererholungsstätte, die es gab, vom Staat finanziert unter paritätischer Mitwirkung der Konfessionen. Jahrelang hat Elisabeth hier gewirkt und es verstanden, von den rührigen württembergischen Firmen und durch eigene Beziehungen, so von dem stets hilfsbereiten Walter Rathenau in Berlin und vielen anderen, beträchtliche zusätzliche Spenden zur Einkleidung der Kinder heranzuziehen.

Ein weiteres Jahr in der Schloßschule Salem unter Leitung des Besitzers Prinz Max von Baden und des Internatsleiters Kurt Hahn – des Gründers einer Reihe von Landerziehungsheimen in Deutschland sowie der Schule Gordonstoun in Schottland – vervollständigte ihre Vorbereitung auf die Leitung einer von ihr selbst ins Leben gerufenen Schule. Hier wollte sie ihre eigenen Vorstellungen, die sie im Lauf der Jahre entwickelt hatte, verwirklichen. In sie waren wesentlich die Gedanken der frühen Frauenrechtlerinnen Alice Salomon, Helene Lange und anderer eingeflossen, nämlich Befreiung der Frau zur Selbstverwirklichung an welchem Platz immer und zur Eigenständigkeit hin auch außer der Ehe, die Pläne Siegmund-Schultzes – Überwindung der sozialen Gegensätze – und die Ideale Kurt Hahns – Erziehung zur Verantwortung, auch für andere.

Sie fand den geeigneten Platz mit Hilfe ihrer Schwester Ehrengard (Eta) Schramm in dem leerstehenden Schloß Wieblingen bei Heidelberg, das sie von dem Besitzer, Herrn von La Roche, pachten konnte.

Das war ein Absprung ins Ungewisse. Sie begegnete besorgten und selbst spöttischen Blicken, als sie ein so großes Objekt ins Auge faßte. Sie bekam nur einen sehr geringen Betrag aus ihrem mütterlichen Erbe als Anfangskapital frei, die Summe konnte nicht reichen: dreitausend Mark! Der Kostenvoranschlag für erste Pachtzahlung, Anschaffungen und Gehälter belief sich allein für das erste Jahr auf siebzigtausend Reichsmark. Da die beiden Frauen das allein ausgerechnet hatten, glaubten Freunde an erhebliche Rechenfehler und verhielten sich skeptisch. Doch zur allseitigen Überraschung stimmte die Summe, wie sich später herausstellte, bis auf zweitausend genau. Ein Rechtsträger war zu schaffen, nämlich ein Verein als juristische Person, Vorstandsmitglieder waren zu gewinnen, die Gemeinnützigkeit aus steuerlichen Gründen sicherzustellen. Elisabeth vertiefte sich begierig in die ihr fremden Wissensgrundlagen. Sie schloß wagemutig 1926 persönlich einen Vorvertrag ab und stand das aufreibende Jahr tapfer durch, während dessen der Verein konstituiert wurde und endlich auch die erforderlichen Mittel als Darlehen auf den bloßen vertrauenerweckenden Eindruck ihrer Persönlichkeit nach vielen Vorgesprächen von der Badischen Landeskirche und der Berliner Inneren Mission beschafft worden waren. Sie ging damit ein großes Risiko ein, folgte aber unbeirrbar allen Einwendungen zum Trotz zielsicher und irgendwie unbekümmert ihrem Instinkt.

Schon damals – und bis zum Schluß – stand ihr der Rechtsanwalt Freiherr von Campenhausen ratend und ritterlich zur Seite: äußerlich ein altmodischer Grandseigneur alter Zeiten, stets in einen schon von Alter verfärbten schwarzen Umhang anstelle eines Mantels und in Beinkleider von vergessenem Schnitt gehüllt, unter einem breitkrempigen dunklen Hut einherschreitend, ein feinsinniger, zuvorkommender, lebhafter, geistvoller Balte bester Schule. Als Vorsitzender des geschaffenen Vereins kämpfte er mit ihr in allen Schwierigkeiten, die sie künftig durchzustehen haben sollte, für das fadengrad Rechte, das sie vertrat, während sie ihrerseits vor seinem feinen und weisen Lächeln, seinem sicheren Zuspruch, seiner scharfen und wachen Klugheit ihre aufbrausende Empörung über manches Unrecht zu klären und in ruhige, wirkungsvolle Bahnen zu lenken lernte. Wenn ihm jemand Elisabeths Unvorsicht entgegenhielt, wischte er mit leichter Hand den Einwand fort: „Aber sie hat doch recht –"

Werbeprospekte gingen hinaus, sie zeigten Bilder des Parks, der gotischen Kapelle darin, der weinumrankten Schloßfenster, des Tors, der Halle. Mit dreizehn Schülerinnen und dem Gesangbuch der Großherzogin Luise von Baden in Elisabeths Hand begann Ostern 1927 der eigentliche Schulbetrieb. In kurzer Zeit sollten es über hundert Interne werden. Die Durststrecke des Defizits war bereits nach einem Jahr (anstatt veranschlagter zwei) überwunden. Alle Schulden waren nach zehn Jahren restlos abgezahlt.

Elisabeth und alle ihre Mitarbeiter leisteten Ungeheures, nicht nur, aber besonders in den Aufbaujahren. Was sie von sich verlangte, verlangte sie auch von anderen – und umgekehrt. Sie forderte sich bis an die Grenzen der Kraft, und ihre überanstrengten Züge gaben davon Kenntnis. Jedoch ihre Fähigkeit, stets sehr aufmerksam zuzuhören, den Blick unverwandt und nachdenklich auf ihr Gegenüber gerichtet, litt darunter nicht. Sie hatte vor allem für die ihr anvertrauten Kinder stets Zeit, Ruhe und Kraft.

In zwei Punkten setzte sich Elisabeth mit ihrem Internat bewußt und deutlich von Kurt Hahns Konzeption, die er in Salem verwirklichte, ab.

Der erste war die Ko-Edukation. In Salem waren Jungen und Mädchen – erstmals – in *einem* Internat. Elisabeth schloß sich eher der Meinung des bekannten Pädagogen Friedrich Wilhelm Foerster an: „Jedes der beiden Geschlechter muß erst zu sich selber kommen und seine besondere Art zu reiner Darstellung bringen, ehe es zu einer pädagogischen Kraft für das andere Geschlecht werden kann. Knaben in den Flegeljahren und unfertige junge Männer, deren Männlichkeit noch keine Reife, kein Gleichgewicht und keine Sicherheit hat, können unmöglich einen bildenden Einfluß auf Mädchen ausüben. Mädchen lernen dabei höchstens eine gewisse Derbheit und einen saloppen, burschikosen Jargon – Symptome der Unerzogenheit. Ebenso wenig werden Mädchen in einem Alter, in dem sie sich selbst noch nicht verstehen, erzieherisch auf junge Männer einwirken können – während eine unbeirrte Weiblichkeit ihren Eindruck nicht verfehlt." Die Kameradschaftlichkeit sei ein besonders wertvolles Resultat des gemeinsamen Unterrichts? Ja. Aber „vom Standpunkt der tieferen Einwirkung beider Geschlechter aufeinander ist die burschikose Vertrautheit, die sich stets in der Atmosphäre der Ko-Edukation entwickelt, in keiner Weise zu begrüßen". Foerster führt den Niedergang ehelichen Glücks in Amerika, damals, auf die unritterliche Kameradschaft zurück, die den Mann nicht genug auf das Anderssein der Frau vorbereite. „Die unausbleibliche Vermännlichung des weiblichen Geschlechts in der Ko-Edukation trägt verhängnisvoll dazu bei, den weiblichen Charakter in eine männliche Art von Selbstbehauptung zu treiben, so daß die Frau dann dem männlichen Egoismus und der männlichen Härte nur noch durch ‚Gleiches mit Gleichem' zu begegnen vermag", ganz davon abgesehen, daß auch der Mann „verweibliche"

Wir können in diesem Zusammenhang nicht zu so tiefgreifenden, heute politisch zu entscheidenden und entschiedenen Fragen Stellung nehmen. Doch hat sich Elisabeth lesend und in Gesprächen intensiv mit ihnen auseinandergesetzt. Gegenüber den damals wirklich sehr modernen Gesichtspunkten und Methoden eines Kurt Hahn schlug sie sich überzeugt auf Foersters Seite. Aus Männerfeindschaft? Gewiß nicht – sie, die Männergespräche allen weiblichen Beziehungen vorzog. Aber aus einem natürlichen weiblichen und mütterlichen Instinkt. Ihr Ideal der Frau – die mitzuformen sie sich anschickte – deckte sich nur zur Hälfte mit dem, was die gemeinsame Erziehung von Jungen und Mädchen hervorzubringen vermochte.

Das zweite, was sie deutlich von Salem trennte, war eine andere geistige Linie. Sie sah in Kurt Hahns Liberalismus nicht nur eine Hoffnung, sondern auch eine Gefahr und fand eher in ihrem Glauben einen „Halt in den Fluten, die uns mit fortreißen werden, schneller und schneller". So legte sie sich gegenüber jenen Möglichkeiten der Erziehung Beschränkung auf: zur Absicherung gefährdeter Küsten.

Sie faßte ihre Schule als ausgesprochene Bildungsschule auf. Wir, die wir die heutige Bildungsmisere meistens als ein Versagen am Stoff verstehen und damit auf den Weg der Wissensschule geraten, dürfen uns anhand der praktischen Bestrebungen Elisabeths sehr wohl auf die universalen Möglichkeiten besinnen, die jede

Schule Kindern öffnen kann: weder sollten die unteren Klassen Spiel- noch die Klassen der Oberstufe Paukschule sein. Je mehr man jungen Menschen gibt, je mehr man sie an der Sache interessiert, um so sicherer sind sie gefeit gegen Gefahren. Außerdem bestimmte sie ihr eigener, nie zu stillender Durst, zu lernen, aufzunehmen, das Lebens- und Menschenbild zu erweitern. Das wollte sie bei „ihren Kindern" ebenfalls erreichen. Sie war eigentlich kein musischer Mensch, sie wirkte gänzlich prosaisch, wäre nicht überall ihr Bemühen spürbar gewesen, sich selbst und allen ihr Anvertrauten die Welt des Schönen zu erschließen. Sie fuhr – mit dem Zug, dritter Klasse, auf Holzbänken – mit vierzig Schülerinnen nach Rom, in den nächsten Jahren nach Venedig, Florenz, Paris, unter fachmännischer Führung: „Ich war am Erlahmen – soll ich jedes Jahr nach Italien im Zug, Tag und Nacht, hin und zurück? Da tauchte mir der Gedanke auf: Geht es nicht im Autobus?" Diese Neuerung war „eine bedeutende Steigerung und Bereicherung aller Erlebnisse und Eindrücke".

Überdies holte sie Koryphäen aus Kunst und Wissenschaft zu Vorträgen an ihre Schule, immer bedacht, den Mädchen die Welt, ihre Welt, zu erschließen, immer bereit, neue Gesichtspunkte zu eröffnen.

Dabei erzog Elisabeth ihre Kinder bewußt von sich fort, band sie nicht an sich, bereitete sie vor für ein Leben in freier Verantwortung. Schüler von sich fort erziehen ist eine seltene Größe bei Pädagogen. Elisabeth war mit der eigenen, durchaus vorhandenen Wärme äußerst zurückhaltend. Mutterlose Kinder standen ihr vom eigenen Schicksal her besonders nah. Auf alle ihre Schülerinnen war die lang anhaltende Wirkung stärker als die des Augenblicks. Das Verhältnis blieb nüchtern. Man dankte ihr ihre Erziehung erst nachträglich, meistens zu spät. Sie erntete viel zu wenig sichtbaren, persönlichen Dank; ob sie ihn vermißte, wissen wir nicht.

Im Sog des Nationalsozialismus

Bereits am 9. November 1923 marschierten, selbst in norddeutschen Kleinstädten, „Hakenkreuzler" durch die Straßen, auffallend durch ihre mißfarbene Uniform, die als erdbraun bezeichnet wurde und doch nicht das Ansehen fruchtbarer Erde hatte. Vor allem das rüde Auftreten vieler Mitglieder wirkte nicht eben anziehend auf kultivierte Menschen. Saalschlachten und Morde waren warnende Zeichen.

Elisabeth hoffte wie immer auf eine positive Wendung. Sie sah „einen Prozeß der Gärung" in den Straßenkämpfen auf der unteren, in zahlreichen Regierungswechseln in den Ländern und im Reich auf der oberen Ebene, trotz der Ratlosigkeit auf allen Lebensgebieten.

Die extremen Parteien verloren bei der letzten Reichstagswahl des Jahres 1932 an Stimmen und Sitzen. Als Hitler dann doch „an die Macht kam", war jedermann, der vielen Regierungswechsel müde, bereit, von dem neuen Mann Rat anzunehmen und ihm eine Chance zu geben. Für sehr viele war er die letzte und einzige Hoffnung. Der Kreis derer, die das Abgründige erkannten, war verschwindend gering – trotz des Mißtrauens, das die Rede des Innenministers Freiherrn von Geyl 1932 in Frankfurt und der Gericke-Prozeß in Berlin, der Mord in Potempa in Schlesien und andere Ereignisse wecken konnten.

Hitler stellte zunächst Hindenburg in den Vordergrund – im Bewußtsein des deutschen Volkes eine schon mythische Gestalt, so daß die neue Regierung sich, scheinbar, mit ihm das Gepräge würdigster deutscher Überlieferung gab.

Die Ideenverbindung von „national" und „sozialistisch" leuchtete Elisabeth von ihrer eigenen Entwicklung her ein, wenn ihr auch die Formulierung „national-sozial", wie sie der liberale Friedrich Naumann verkündet hatte, verständlicher schien (denn konnte man etwa zugleich für ein Volk als Ganzes national *und* klassenkämpferisch, sozialistisch, innerhalb dieses Volkes sein?) –

jetzt aber waren, ganz nach ihrem Sinne, alle unnützen Redereien um Begriffe beiseite gefegt. „Auf positive Aufbauarbeit kommt es an", schrieb sie.

Wenige Wochen nach der „Machtergreifung" erlebte Elisabeth dann, daß zugleich mehrere ihrer Lehrer und engen Freunde – Menschen, deren persönliche Integrität sie genau kannte und ebenso hochschätzte wie ihre Leistungen für die „deutsche Volksgemeinschaft" – von Maßnahmen der neuen Regierung betroffen wurden: die beiden Sozialschulleiterinnen Anna von Giercke und Alice Salomon, jede in ihrer Art zu den hervorragendsten, international bekannten deutschen Frauen zählend, wurden gezwungen, ihre Lebensarbeit in „arische" Hände zu legen. Kurt Hahn wurde verhaftet und über die Grenze abgeschoben. Marie Baum in ihrer hohen Staatsstellung gekündigt, Siegmund-Schultze zunächst verhaftet, dann ausgewiesen. Gertrud Bäumer trat zurück von ihrem Amt und zog sich in ein – allerdings sehr erfolgreiches – Schriftstellerdasein zurück. Und aus dem großen Kreis von Persönlichkeiten, mit denen Elisabeth im Rahmen der Sozialen Arbeitsgemeinschaft zusammengearbeitet hatte, mußten viele weichen. Die Dichterin Ricarda Huch, bereits weit bekannt, trat aus dem Schriftstellerverband aus, als dieser „gleichgeschaltet" wurde und man Thomas Mann und andere ausschloß. Sie wagte, politische Witze zu erzählen, bei deren Abgründigkeit ihren Heidelberger Freunden das Lachen gefror.

Das Volk schlug die warnenden Zeichen in den Wind, vor allem weil es um keinen Preis ein weiteres Jahr 1932 riskieren wollte mit seiner Angst um Arbeitsplatz, tägliches Brot und materiellen Besitz und vor äußerer und innerer Verwahrlosung. Außer durch Hitler schien es keinen Ausweg aus diesem Elend zu geben. Der Durchschnittsdeutsche war wie so oft auch diesmal froh, in eine abgesteckte Ordnung zurückkehren zu können. Und er meinte: wenn diese Parteiführung erst eine Weile regiert haben würde, merkte sie sicher, was sie an Trieben und Instinkten ablegen mußte, um die eigentlichen staatsmännischen Aufgaben lösen zu können.

Staatsmännisch? Ach, des Deutschen Hauptbegabung ist nun einmal die Verwaltung in allem, was „Staat" betrifft. Sie verwalteten gut, sie verwalteten alles, und was nicht bereits von Staat und Gemeinde verwaltet wurde, „erfaßte" mit festem Griff die Partei.

Elisabeth hoffte zunächst auf heilsame Kräfte innerhalb der neugefügten Ordnungen, obwohl sie auf der Seite ihrer entlassenen, schwer getroffenen Freunde stand. Sie ging sogar mit dem

Gedanken um, der Partei beizutreten. Da sie immer den Einsatz für die Allgemeinheit verfochten hatte, wollte sie nicht beiseite stehen, sondern ihre Schule weiterführen mit allen förderlichen Kräften, wie bisher.

Sie hätte auch leicht zu den Wegbereitern des Nationalsozialismus gehören können: Im Jahre 1932 verbrachte sie, wie so oft, zusammen mit einigen Mitarbeitern einen denkwürdigen Abend bei ihren Freunden, der Familie von Reichenau, die zu den frühen, idealistischen Förderern der „Bewegung" gehörte. Plötzlich tauchte bei dem als Vorkämpfer bekannten Hausherrn Sicherheitspolizei auf, um eine Hausdurchsuchung durchzuführen. Die Namen der Anwesenden wurden protokolliert und erschienen am nächsten Tag in der Zeitung – unter bekannten „Nazis" also Elisabeth von Thadden und gleich mehrere Lehrkräfte ihrer Schule. Somit stand diese 1932 unter Verdacht, eine nationalsozialistische Zelle zu sein.

Aufgrund dieses Vorkommnisses wäre es für Elisabeth ein leichtes gewesen, selbst nach verhängter Eintrittssperre 1933/34 Parteimitglied zu werden. Sie sprach diese Möglichkeit mit einigen Lehrern durch, aber sie nahm sie nicht wahr. Ihre Linie war zu klar, ihr Gewissen schreckte zurück. Schon stand zuviel zwischen ihr und der Partei.

– Dennoch zeugte die Familie des Hausherrn mit der niedrigen Parteimitgliedsnummer später für sie, als es schon lebensgefährlich war, für eine Elisabeth von Thadden einzutreten. Denn die weitere Entwicklung hatten diese Menschen weder vorausgesehen noch angestrebt. –

Soweit sie es verantworten konnte, lebte Elisabeth mit der „neuen Zeit" (eigenartig, wie schnell neue Zeiten veralten!), der man bald allenthalben und der ja auch ihre Schule inzwischen wirtschaftliche Erholung verdankte. Hatten noch im Frühjahr 1934 alle Wieblinger Lehrkräfte, auch natürlich Elisabeth, auf zehn Prozent ihres Gehaltes schriftlich verzichtet, um überhaupt den Schulbetrieb aufrechterhalten zu können, so ging es von Ostern 1934, als unerwartete Neuanmeldungen eintrafen, plötzlich bergauf: „Es ist ein Wunder geschehen!"

In diesem Jahr machte Elisabeth mit den Schülerinnen eine mehrtägige Fahrt ins Saargebiet – sehr aktuell, denn dort stand die Rückkehr des Landes zu Deutschland bevor:

„Wir machten eine Autobusfahrt, deren Kosten wie immer durch Unterkunft in der ausgezeichneten Jugendherberge Ludweiler und durch Provi7anternährung auf ein Minimum beschränkt werden konnten. Erhebend der durchschlagende Eindruck von der absolut zuversichtlichen Haltung der Bevölkerung, die einen Zweifel an der Rückkehr zum Vaterland überhaupt nicht in Frage stellt. Die dreistündige Führung in den Röchling-Werken: ein Erlebnis, das allen unvergeßlich bleiben wird, mitten im abgeriegelten Land das durch und durch deutsche Werk. – Insbesondere bei den Hochöfen standen wir voller Ehrfurcht vor den Wundern der Technik, vor der schaurigen Größe und Schönheit der gebändigten Elemente. – Überall sah man auf großen Plakaten: Nur noch 114 Tage!" (bis zur Abstimmung).

Und sie vermerkt extra:

„Zum Beispiel waren wir freudig überrascht, daß auf allen Straßen mit dem deutschen Gruß gegrüßt wurde."

Im nächsten Jahr führte die Schule Goethes „Lila" zugunsten der Winterhilfe auf. Hierfür hatte sie schon 1933 gespielt und gesammelt. Nun aber waren derartige private und kommunale Hilfswerke verwaltungsmäßig in die NS-Frauenschaft überführt worden und wurden seitdem ganz groß als nationalsozialistische Arbeit herausgestellt. – Ein besonderer Erfolg war die Aufführung der „Freier" von Eichendorff vor zweitausend Zuschauern in der Heidelberger Stadthalle; auch diesen Reinertrag stiftete die Schule der Winterhilfe der NS-Frauenschaft.

Seitdem die Hitlerjugend Staatsjugend und die Mitgliedschaft Pflicht war, bestand auch im Landerziehungsheim Schloß Wieblingen eine Gruppe des BdM – Bund deutscher Mädel –, und Elisabeth lenkte in den Rundbriefen der ersten Jahre – bis 1935 – die Aufmerksamkeit auf ihr Vorhandensein und ihre Tätigkeit, schon um nicht in den Verdacht zu kommen, daß sie das Staatsjugendgesetz von 1933 umging. Aber sie hielt die Fäden fest in der Hand, unbeirrbar die eigene Linie verfolgend: die Mithilfe der Frau beim Neuaufbau Deutschlands „aus lebendigem Christentum... dann haben die Versuchungen, die an jeden Menschen herantreten, nicht mehr die Macht". Insofern konnte sie unbesorgt mit siebzig Personen nach Karlsruhe fahren zu einer der Massenversammlungen, mit denen Hitler die großen Kundgebungen des Frühjahrs 1936 eröffnete. „Diese Wochen der Wiederbesetzung unserer entmilitarisierten Zone erleben wir zutiefst mit."

Zutiefst. Aber Elisabeth von Thadden, nun schon nicht mehr voller Bejahung, ließ keine weitere Bemerkung dazu folgen.

Es wäre falsch gewesen, hätten wir Elisabeths loyale Haltung gegenüber Staat und Parteigliederungen verschweigen wollen. Sie versuchte, mit dem Regime zurechtzukommen, sie war nicht von vornherein seine Gegnerin, dazu war sie jedem Neuen gegenüber viel zu positiv eingestellt. *Wir* haben seither den Weg vieler Serpentinen zurückgelegt und eine andere Ansicht und Einsicht gewonnen. Dabei setzt man so leicht eine Fernbrille auf und hat dann rückblickend alles schon vorher kommen sehen. Diese Brille wird der Entwicklung nicht gerecht. Jede Generation hat eine Vergangenheit zu bewältigen; und während wir zu erkennen versuchen, wie es zu diesem oder jenem kam, müssen wir uns eingestehen, daß ein Volk leider meist nur für die Vorigen durch Schaden klug wird und indessen darüber von neuem versäumt, zu kehren vor der eigenen Zeit.

Da wir nun aber schon einmal die Vergangenheit zu verstehen versuchen und wenigstens manchmal die Brille der zweiten Jahrhunderthälfte beiseite legen:

„Meine Schwester", schreibt Ehrengard Schramm, „war geneigt, mitzumachen und mitzuhelfen, wo anscheinend gute Arbeit angefangen wurde... Mit Interesse, mit warmer Anteilnahme verfolgte sie die scheinbar ernst gemeinten Bemühungen, die Arbeitslosigkeit zu beseitigen und das Los der arbeitenden Schichten zu bessern..."

Das Schicksal der nationalsozialistischen Partei und des von ihr regierten Deutschland war von vornherein durch ihre Behandlung der „Judenfrage" entschieden. An der Judenfrage entschied sich Elisabeth ihrerseits gegen den Nationalsozialismus. Für sie gab es nämlich überhaupt keine Judenfrage, sondern nur Mitmenschlichkeit.

Überraschend erhielt sie im Herbst 1934 einen Brief, einen ersten Angriff auf ihre unbekümmerte Einstellung, die schon damals von der herrschenden des Parteiprogramms abwich:

„Ich wurde durch eine mir befreundete Person darauf aufmerksam gemacht, daß in dem Schloß Wieblingen für Pensionärinnen jüdische Ärzte in Anspruch genommen würden; es sei für mich wohl nicht angängig, unter diesen Verhältnissen und bei einer derartigen Einstellung des Instituts meine Tochter dort zu belassen. Um weitere Unannehmlichkeiten zu ersparen und um mir selbst ein Bild machen zu können, erbitte ich eine Erklärung, ob und wieweit diese Mitteilung – an der zu zweifeln ich keinen Grund habe – den Tatsachen entspricht.

Heil Hitler!

......"

Es war der erste Streich gegen ihr freies Ermessen innerhalb ihrer Mauern. Nach Beratung mit Rechtsanwalt Freiherr von Campenhausen aus dem Vorstandsgremium ihrer Schule und nach Prüfung der Unterlagen konnte sie den lächerlichen Vorwurf zurückweisen: „... es ist dies, soweit sich heute noch genau feststellen läßt, seit dem Bestehen der Anstalt in drei Fällen geschehen ...", und sie erklärte die Einzelheiten.

Nachdenklich wog Elisabeth Vorwurf und Antwort in der Hand – erste Symptome. Dann gab sie sie vorsichtshalber ihrem Anwalt zu den Akten – man konnte nie wissen. Keinesfalls aber war sie gewillt, in ihrem Bereich den erzwungenen Boykott gegen Juden mitzumachen. Er galt nicht nur Geschäftserfolgen, und da – spätestens da – schied sich Elisabeths Linie von der schon offiziellen und bald durch die Rassengesetze erhärteten.

Der Boykott gegen alles Jüdische richtete sich gegen die freie Arztwahl, gegen freundnachbarlichen Verkehr, gegen die Aufnahme jüdischer Kinder in höhere Schulen. Hier setzte Elisabeths persönliche Hilfe ein, in ihrer eigenen Welt der Erziehung.

An ihrem runden Teetisch ist manches Leid der damaligen Zeit abgeladen worden, während man längst überall sonst Mißtrauen hegen mußte. Ihr wäre nie in den Sinn gekommen, daß sie etwas Besonderes tat, wenn sie Kinder aus boykottierten Familien in ihre Schulgemeinschaft aufnahm. „Ihre Tochter ist sehr willkommen bei mir", konnte sie sagen, „es ist selbstverständlich, daß sie hier nicht isoliert sein wird. – Nein", wehrte sie einen Dank ab, „Sie helfen *mir*, meine Kinder zu aufgeschlossenen und verständnisvollen Menschen zu erziehen." In vielen Fällen, in denen sich die Nürnberger Rassengesetze auswirkten, kam sie, ebenso wie in anderen Notlagen, den Eltern mit dem Pensionspreis entgegen. Sie verfügte immer über einen hohen Prozentsatz teilweiser oder voller Freistellen und sagte auch hier: „Ich bin Ihnen zu Dank verpflichtet; Mädchen, denen gegenüber ich auf den Geist ihres Elternhauses verweisen kann, prägen den Geist unserer Schule."

„Nicht arisch" – so kurzlebige Worte werden zuweilen erfunden. Sie beherrschen eine Zeitlang jede Zeitungsspalte, gehören dann aber sehr bald zum überflüssigen Gerümpel der Geschichte. Damals bestimmten sie jeden Lebensbereich, mitten durch viele Familien ging der Schnitt.

Elisabeth pflegte einschlägige Erlasse zu ignorieren.

Wie tief deprimiert manche der Betroffenen in Wieblingen ankamen und wie ahnungslos die vielen „nicht Betroffenen" jenen abgründigen Problemen zunächst gegenüberstanden, zeigt ein Gespräch unter Neuankömmlingen dieser Jahre:

„Was willst du denn werden?"

Einsilbige Antwort: „Ich weiß nicht – nichts", denn sie wird „es" nicht sagen.

„Aber irgendwas mußt du doch vorhaben?"

Vorsichtig dunkler Blick, dann ein rasches Auflachen:

„Wenn ich was werde, dann Klofrau, da habe ich Ruhe und kann schöne Pullover stricken." Mit Primareife auch ein Berufsziel.

Viele andere Mädchen kamen blind glaubend an die „Ziele der Bewegung" zu Elisabeth. Diese zerstörte zunächst keine Illusionen, nicht aus Vorsicht, sondern um die Kinder in Ruhe reifen zu lassen und sehen zu lehren. Sie glaubte an deren guten Kern.

Keine größere Freude konnte ihr widerfahren, als daß eines von diesen sie nach jenem 8. November 1938, der Scherbennacht, brieflich nach gefährdeten Mitschülerinnen fragte: ob sie in Sicherheit seien, ob man helfen könne. Sie antwortete der ehemaligen Schülerin auf keine der Fragen, aber sie schrieb sofort und ausführlich zurück, indem sie vom Fortbestehen der Schule „im alten Geist" erzählte – nichts Besonderes und doch eine Antwort. Dies waren die Punkte, in denen sie vorsichtig war.

Bei anderen Gelegenheiten ließ sie ihrem Gefühl freien Lauf, so als die Judensterne auftauchten, jene grellgelben, scheußlichen Applikationen aus Stoff, die die rassisch Verfolgten sichtbar auf der Brust tragen mußten, ein Schandmal – nicht jedoch für die Träger, wie es gedacht war, sondern für seine Erfinder. Normal empfindende Deutsche fühlten sich getrieben, dem Gezeichneten etwas Gutes zu sagen oder zu tun – und wagten es doch fast nie. Nicht so Elisabeth. Mit heller Empörung schlug sie sich auf die Seite der Verfemten. Sie begrüßte sie auf der Straße, wenn sie sie von früher kannte, mit einer Umarmung wie je. Nur wer selber schweigend, erstarrend an den gelben Sternen vorüberging, weiß, was das hieß; denn die Polizei hatte Augen in jedem Fenster. Oder sie traf sich mit anderen jüdischen Bekannten offen in einem Café, nicht nur um diesen alten Freunden unmißverständlich zu zeigen, daß sie selber die Alte war, da doch die ganze Umwelt sich zwingen ließ, ihnen ein fremdes Gesicht zuzukehren, sondern um zugleich in Ruhe an ihren Schwierigkeiten – Verkauf von Besitz und Auswanderung – teilzunehmen und zu helfen, wo es möglich war.

Ganz einig ging sie darin mit Stadtpfarrer Hermann Maas, der vielen jüdischen Familien bei der Ausreise behilflich war, ein im übrigen leidenschaftlicher Kämpfer, der unermüdlich scharf Stellung bezog, von seiner Kanzel im Heiliggeist, in Vorträgen allenthalben sowie im privaten Kreis. Jahrelang erteilte er in Elisabeths Schule Konfirmandenunterricht. – Er wurde mehrmals verhaftet und vernommen, wobei er sehr unmittelbar nicht die Funktionäre, sondern jeweils den Menschen im Gestapokommissar ansprach: „Daß Sie die Menschen so quälen, das tut Ihnen selbst nicht gut." Als er gerade einmal wieder Predigtverbot hatte, fuhr Elisabeth von Thadden zur Polizei, ließ sich bei einem der höheren Herren melden und stellte ihm dar, daß sie englischen Elternbesuch erwarte und man diesem Deutschland von der besten Seite zeigen müsse. Sie hatte für Maas Erfolg. Ohne in Dialektik geschult zu sein, wußte sie Funktionäre mit ihren eigenen Waffen zu schlagen. „Klug wie die Schlangen" – aber *das* war sie gerade nicht.

Ihr Staatsbürgerunterricht wurde feuergefährlich. Reichstagsbrand. Ermächtigungsgesetz. Völkerbundsfrage. Die Jugendgesetze (dem Nuntius Pacelli brachte sie für die Rettung der katholischen Jugendarbeit durch das mit Hitler abgeschlossene Konkordat große Hochachtung entgegen). Die Rassengesetze. Die Kriegsbeteiligung deutscher Einheiten in Spanien: „Die Beteiligung am spanischen Bürgerkrieg ist nur eine Generalprobe Hitlers!" rief sie, als die Legion Condor entsandt wurde. Ihre Mitarbeiter baten, wenigstens die Fenster während ihres Unterrichts zu schließen.

Einzelne ihrer Heimkinder gerieten in die Mühle zwischen den Fronten. Wieblingen hatte damals noch keine Oberstufenklassen; wer Abitur machte, besuchte vom Internat aus staatliche Schulen. Jugend in diesem Alter weiß sehr wohl schon das Echte von der Phrase zu unterscheiden, wie Erfahrung in autoritären Staaten lehrt. Jugend kann erzogen sein, wie sie will – in staatlichen Erziehungsanstalten, in Funktionärselternhäusern, in Opposition oder in Hörigkeit: sie wird immer wieder meutern gegen die Allmacht einer Idee, die Geist und Gewissen in Fesseln schlägt.

Als ein Deutschlehrer den Unterricht benutzte, um seiner Prima die Ideenwelt des tausendjährigen Reiches einzuhämmern, selber ein überzeugter Schwärmer jener hochmütigen, utopischen Vision des Dritten Reiches, begehrte die Klasse unter Führung einer Wieblingerin auf. Elisabeth forderte, man möchte die antichristliche Propaganda aus der Schule fernhalten. Darauf gab es Vernehmungen für die Kinder und ein Vorgefühl der Gefahr, es gab bittere Enttäuschung für den Lehrer, der seine liebsten – blonden – Schülerinnen im anderen Lager und „von christlich-jüdischem Geist vergiftet" sah, es gab eine unbeirrbare Elisabeth, die mit ihren Kindern die Sache durchstand und allen Haß, Verachtung und nachfolgende Beobachtung durch die Partei auf die eigene Person konzentrierte, um die Mädchen zu schützen.

Sie wäre sicher schon früh in ernste Konflikte gekommen, aber die badische Polizei bestand halt aus Badenern, und die waren im Herzen stolz, daß ihr „Muschterländle" von Botschafterskindern und Ausländerinnen besucht und durchwandert wurde, und überdies sind sie anscheinend auch damals musterländlich-demokratisch – oder gleichgültig – im Innern gewesen, so daß sie die Thaddenschule in Ruhe ließen.

Elisabeths Briefe enthielten längst nicht mehr den geringsten Hinweis auf Nationalsozialismus und nicht einmal mehr auf nationale Gesinnung, weil sie alles Nationale mißbraucht sah. Die Briefe, auch die persönlichen und vor allem jene an Schweizer Freunde, enthielten nun nur noch Aufzählungen von Ereignissen und Veranstaltungen. Manchmal legte sie ein Programm von einer Schüleraufführung oder einem musikalischen Abend bei. Aber Gedanken vertraute sie dem Papier nicht mehr an. Briefe wurden zensiert, Papier war geschwätzig.

Leitende Personen der Bekennenden Kirche wurden verhaftet, Martin Niemöller – bald weltbekannt – kam ins KZ (sein Name steht für viele, die das gleiche Schicksal traf), Reinold Thadden ins Gefängnis, und die alte pensionierte Hildegard von Thadden wurde zu Verhören nach Schwerin gebracht.

Elisabeth traf allenthalben Freunde und Gesinnungsgenossen auf Reisen und anläßlich von Schulfahrten und befand sie „sehr in Ordnung" – aber mehr schrieb sie darüber nicht. Alljährlich, manchmal mehrfach, sah sie den alten Freund Siegmund-Schultze in Zürich oder Basel. Immer noch war ihm Deutschland verschlossen. In seinem Hause trafen sich in all diesen Jahren wiederholt Anhänger der deutschen Widerstandsbewegung. – Einmal kam er selber heimlich nach Deutschland; Elisabeth brachte ihn in Heidelberg spät abends mit einem großen Kreis von Freunden zusammen. Aber wenn es auch an die fünfzig Personen waren, so waren sie doch ein Häuflein klein. Eine Maschine, die auf vollen Touren lief, vermochten sie mit ihren Mitteln nicht anzuhalten.

Evakuierte

Im September folgte der spanischen „Generalprobe" nach mehreren Krisen der Krieg. Elisabeth war sich seit Jahren der Gefahr bewußt gewesen, unter deren Überhang das deutsche Volk lebte. Seit Jahren arbeitete sie innerhalb ihres Rahmens, ihrer Mauern für Verständigung, seit Jahren aber arbeitete ringsum die Regierung für den Haß. Sie hatte nicht vergessen, daß der Weltkrieg von 1914 bis 1918 Deutschland nur Hunger, Elend, politischen und moralischen Niedergang und Verachtung eingebracht hatte. Das würde ein neuer Krieg wieder einbringen – seit Jahren wußte sie das.

Eben weil sie die Katastrophe so lange gefürchtet hatte, sah sie die Gefahr für ihre Schule, ihre Kinder und sah die eigene Verantwortung für sie noch größer, als sie in jenem Stadium akut war. Die Maginotlinie als französische Angriffsbasis, die Grenznähe, die Fliegergefahr (eine Viertelstunde von der französischen Front), der mögliche Einmarsch fremder Soldateska in Wieblingen, Eltern, die ihre Kinder vergeblich von ihr fordern würden – diese Vorstellungen standen so drohend, so erschreckend in den Nächten um sie her, daß sie eine Verlegung der Anstalt beschloß. Später sah sie das als eine Kurzschlußhandlung an, die ihr viel Kummer bereiten sollte.

Sehr rasch, wie immer, hatte sie einen passenden Ort gefunden: Tutzing am Starnberger See, wo das leere Hotel Simson das Internat aufnehmen konnte. Sie benachrichtigte den bereits zum Wehrdienst eingezogenen Hausmeister, Walter Staege, von ihrem Umzugsplan. Er rief von der Westfront aus an: „Hier ist alles still, unsere Fliegerabwehr intakt" – sie möge den Plan, das Internat zu verlegen, fallenlassen. „Fräulein von Thadden – eine Preußin nach Bayern? Wird es nicht heißen: jetzt haben die Preußen Angst?" Sie durchschaute die kleine List, sie tat ihr wohl. Aber sie vermutete, daß die Soldaten betrogen und bei Stimmung gehalten wurden. Sie fürchtete, daß die Propaganda versprach, was die Waffen nicht halten konnten (wie es Jahre später ja auch wirklich geschah).

Mit acht Klassen wurde in ein rasch gemietetes Hotel in Tutzing umgezogen. Es war keine Kleinigkeit, mit Sack und Pack für hundert Menschen aus- und umzuziehen.

„Unsere Schülerinnen waren bei Ausbruch des Krieges noch in den Ferien. Vierundachtzig Koffer mußten von uns gepackt werden. Viele Bücher, Lernmittel aller Art, z.B. das Epidiaskop, Turngeräte, Nähmaschinen, Geschirr, Wäsche, Bestecke, Bettzeug, Gartenprodukte in zahllosen Weckgläsern, Dosen und Eimern. 120 Zentner Äpfel vom Dilsberg, Koks, der Konzertflügel, ein Klavier, meine persönlichen Möbel und Bilder. Eines kam zum andern, bis schließlich sechs Waggons rollten. – Und nun sind wir hier mit rund hundert Menschen – achtzig Schülerinnen und zwanzig Erwachsenen." Jedoch: „Wir stehen weiterhin unter badischer Schulaufsicht und haben noch Parallelklassen in Wieblingen. Das Schloß selbst ist Reservelazarett für erholungsbedürftige Soldaten geworden, Chefarzt der uns allen bekannte Professor Viktor von Weizsäcker."

Die Weihnachtszeit naht: „Es ist spät – Montagabend nach dem ersten Advent. Weder Mond noch irgendein Lichtschein erhellt die tiefe Dunkelheit um uns herum" – keine Laternen auf den Straßen, kein Licht aus den Fenstern, denn „in Europa gingen die Lichter aus", damit feindliche Flieger sich an ihnen nicht orientierten. „Die zwei obersten Klassen besuchen heute in München eine vielgerühmte Hamlet-Aufführung mit Horst Caspar, der schon als Tasso alle mit fortriß. Das Finden zum Bahnhof ist nicht leicht, man kann aber nicht nur auf Vollmondnächte warten, um gelegentlich die Nähe Münchens auszunutzen. Und doch – gestern am ersten Advent gelang es, in Alt-Wieblinger Weise die Dunkelheit aufzureißen. Morgens früh zur Andacht erstrahlte der eine große Hotelsaal im Kerzenschein."

Obwohl Elisabeth über vorgegebene Notwendigkeit und sicheren Ausgang dieses Krieges ihre eigenen negativen Gedanken hegte, nahm sie den „irgendwo im Westen" datierten Brief ihres früheren Mitarbeiters und Schulleiters in ihr Rundschreiben auf. Ihr lag sehr daran, daß der persönliche, menschliche Zusammenhalt blieb. Außerdem sah sie in der soldatisch positiven Einstellung Raves eine Ergänzung der eigenen Schau, wie sie die bejahungswillige Jugend brauchte. Diese ihre schöne Großzügigkeit ließ ja von jeher auch andere Meinungen als die eigene in der Schule zur Geltung kommen:

„Unsereins lebt in einer Welt, die in allem Äußerlichen denkbar von Euch entfernt ist. Man ist Soldat und hat so schnell wie möglich alle, aber auch alle privaten Wünsche und Bedürfnisse an den Nagel gehängt (wehe, wenn Ihr dieses mißglückte Bild im nächsten Aufsatz schreibt!) und sich zurückversetzt in die Zeit, wo man schon einmal auf alle die Dinge verzichtet hat, die zu einem zivilen Leben gehören, vor allem was Sauberkeit und Hygiene angeht. Das zu erläutern muß ich Euren zarten Ohren erlassen. Man lebt auf einem anderen Stern. Aber unerträglich (wäre) der Gedanke, nicht dabeisein zu können, irgendwo daheim herumzuhocken und eine Arbeit zu verrichten, die ein anderer auch tun kann. – Verzichtet *Ihr* gern und ehrlich auf die Dinge, die durch die englische Blokkade nicht griffbereit sind. Und wenn es einmal schwer erscheint, dann vergeßt uns nicht, die wir tagaus, tagein auf tausend Dinge verzichten müssen, die auch jetzt noch zu den größten Selbstverständlichkeiten Eures täglichen Lebens gehören."

Nach einem Rückblick auf den ersten Weltkrieg bat er die Schülerinnen, keiner gedrückten Stimmung Raum zu geben, keinen defätistischen Äußerungen Glauben zu schenken, denn: „Niemand von uns hält für möglich, daß es wieder so kommen könnte, das ist klar..."

In der Silvesternacht 1939/40 trat Elisabeth mit Freunden hinaus vor die Tür: „Erfüllung der Hoffnungen auf Frieden! Ein glückliches neues Jahr!" Und sie selber stellte sich dabei die Frage, ob sie hier in Tutzing für immer anwurzeln sollte, indem sie das dortige Schloß, das ihr halbwegs angeboten worden war, käuflich erwarb, während sie Wieblingen nur in Pacht besaß.

Verwicklungen

Ein Mitglied der Oxford-Bewegung kam seit 1936 alljährlich nach Wieblingen – der Kunstmaler Krumhaar –, um Elisabeths Schülerinnen mit den Zielen der Moralischen Aufrüstung, der Gruppenbewegung seines Freundes Frank Buchman, vertraut zu machen. Manchen langen Abend verbrachte er mit Elisabeth, ihren Freunden und „Kindern" im Gespräch über die Möglichkeiten einer Veränderung der Welt durch diese Bewegung, die ihr Zentrum in Caux in der Schweiz damals ausbaute. – Konnte der Mensch durch „moralische Aufrüstung" – Gegensatz zur militärischen Aufrüstung – geändert werden? Wieweit erforderte das Evangelium die eigene Aktivität des Menschen, wieweit war seine Verwandlung Gnade und Erlösung? War es möglich, die Welt von der Gruppenbewegung her zu verändern und die vier „Absoluten" – Selbstlosigkeit, Liebe, Reinheit und Wahrheit – zur Maxime auch der Politik zu machen?

Gleichzeitig beschäftigte sich Elisabeth mit der Frage der Una Sancta. Sie sah voraus, daß die starren Fronten zwischen den Kirchen sich zunehmend auflösen würden angesichts der Bedrohung durch übermächtige Staaten. Sie wußte, daß Siegmund-Schultze die Una-Sancta-Bewegung intensiv unterstützte, er war seit 1927 mit ihren katholischen Exponenten und Vorkämpfern, unter anderen Pater Max Metzger, befreundet. – Elisabeth las schon seit Jahren alles, was ihr über diese Probleme in die Hände kam.

Beide, „Oxford" und „Una Sancta", sollten jetzt verhängnisvoll für ihr persönliches Schicksal werden.

Während Herr von Krumhaar heimlich an einem Bismarckbild für sie malte – einer Kopie nach Lenbach, die sie sich schon lange wegen Bismarcks Beziehungen zu ihrem Elternhaus gewünscht hatte –, während die Schülerinnen in bester Laune an Aufführungen zu Elisabeths Geburtstag probten, während die Klassen unter Dr. Finks Leitung neu zu wachsen begannen, weil viele Externe die

Bänke mit füllten, während in der Nachbarschaft eine Benediktinerinnen gehörende ehemalige Haushaltungsschule mit dazugemietet werden konnte, während also alles sichtlich – man ist versucht zu sagen: in gewohnter Weise – gedieh, saß ein blondzöpfiges Kind in der Obertertia als externe Schülerin. Was ging unter seinen hübschen Haaren vor, als es auf Zetteln niederschrieb, was nach seiner Meinung an der Heimleiterin Thadden staatsfeindlich schien? Seine Mutter, Baronin K. aus dem Saarland, hatte es dazu veranlaßt. Sie war eine hundertprozentige Anhängerin der nationalsozialistischen Partei und wie alle Hundertprozentigen taub und blind für die wirkliche Verteilung der Gewichte.

Die Tertianerin notierte den Fauxpas der Englischlehrerin, die für eine ausfallende Unterrichtsstunde das englische Lied „Rule Britannia" aus dem Schulbuch aufgab, um ohne viele Worte die englische Seeherrschaft anschaulich zu machen, gegen die die deutschen U-Boote damals noch erfolgreich ausfuhren. Das war aktuell und vermochte dem deutschen „Wir fahren gegen Engelland" mehr Realität zu verleihen, als im allgemeinen geschah.

Die Schülerin notierte, daß der Religionslehrer Pfarrer Frommel der Bekennenden Kirche angehörte. Und daß ein Jesuitenpater, der Religionslehrer für katholische Schülerinnen, „im Haus aus und ein ging", nach offizieller Parteimeinung also einer der „Dunkelmänner dieser Zeit".

Sie notierte Unzusammenhängendes zu einem Vortrag Krumhaars über die Gruppenbewegung – „Oxford", das konnte ja nur etwas Feindliches, Englisches sein!

Und schließlich notierte sie, daß bei der Siegesfeier nach beendetem Frankreichfeldzug von Fräulein von Thadden ein biblischer – also jüdischer – Psalm verlesen worden sei.

Was die Mutter sich dabei gedacht hat, ihr Kind zu solchen Diensten anzuhalten, es selbst zu verderben – wer weiß es? Furchtbares ist damals durch sie in die Wege geleitet worden, Furchtbares aber auch in ihr vorgegangen: sie nahm sich und der Tochter später das Leben, als mit dem Zusammenbruch des Dritten Reiches ihre hundertprozentige Hoffnung zusammenbrach. Ob sie dabei durch die eigene Schuld, die Hitlers und seiner Männer oder die der Gegner Deutschlands am meisten belastet war – wir wissen es nicht. Denn ihre Tat ging unter im Untergang.

An Elisabeths fünfzigstem Geburtstag legte die Rede des Leiters von „Schondorf", dem benachbarten Landerziehungsheim für Jungen, Zeugnis für ihre Arbeit ab:

„Wir haben das Werden dieses Werkes zuerst in Wieblingen und nun hier in Tutzing mit immer steigender Bewunderung verfolgt. Es ist keine kleine Sache, einer Schule in so schwierigen Jahren eine solche Form aufzuprägen... Fräulein von Thadden ist es gelungen, einen Stab von tüchtigen Mitarbeitern und Mitarbeiterinnen zu gewinnen, der ihr in der seelischen, körperlichen und geistigen Betreuung der Mädchen unermüdlich und selbstlos hilft. Sie besitzt einen unbeugsamen Charakter, Ernst und Freude mischen sich in schönem Einklang, kurz, sie zeigt die Züge einer Persönlichkeit, vor der wir uns heute an ihrem Festtag in Ehrfurcht neigen..."

Ahnte der Redner etwas von den Schwierigkeiten, die heraufzogen? Jene hitlergläubige Mutter saß mit der Tochter unter den Festgästen, während er sprach:

„Die Arbeit in einem solchen Heim an der Jugend ist schön, aber nicht immer leicht. Oft drücken einen Enttäuschungen nieder, und man sagt sich: die gut veranlagten Kinder entfalten sich in der Gemeinschaft sowieso gut, und den schwierig veranlagten kann man meist nicht wesentlich helfen. Mögen Fräulein von Thadden in den künftigen Jahren ihres Wirkens bittere Erfahrungen erspart bleiben, und möge die Liebe der ihr Anvertrauten ihre Mühen lohnen! Das Leben wird uns immer den restlosen Erfolg vorenthalten. Wir müssen zufrieden sein, wenn ein Teil unserer Arbeit Früchte trägt. Es ist nicht gleichgültig, ob junge Menschen unter kümmerlichen Bedingungen aufwachsen oder in einer reich gefügten Gemeinschaft, deren Antriebe im ganzen Leben weiterwirken..."

Künftige Jahre ihres Wirkens? Das Jahr dieser Laudatio war schon das letzte ihrer Wirksamkeit und voll bitterer Erfahrungen.

Entlassung

Plötzlich kamen knappe Briefe in dem Deutsch jener Tage vom bayerischen Kultusministerium an das Landerziehungsheim. Sie platzten in die zweite Tutzinger Adventszeit herein und verdunkelten Elisabeth den Anblick der Kerzen.

Die Schreiben waren meist nur vier bis fünf Zeilen lang: „Es wird mir berichtet... ich ersuche um eingehenden Bericht."

„Es wird mir berichtet... ich ersuche um sofortigen Bericht."

Die meisten Vorfälle lagen um ein halbes Jahr zurück.

Am unverzeihlichsten schien den Behörden zu sein, daß an Elisabeths strahlend gefeiertem Geburtstag unter mehr als fünfzig Gästen die Gattin Wilhelm Hausensteins – damals Redakteur der Frankfurter Zeitung, nach 1945 der erste deutsche Botschafter in Paris – gekommen war, um dem Geburtstagskind zu gratulieren, von Elisabeth herzlich wie jeder der Gäste begrüßt, obwohl sie als Jüdin sonst bereits geschnitten wurde.

Elisabeth von Thadden und Schulleiter Dr. Fink wehrten sich tapfer Seite an Seite. Sie wiesen einzeln jede Behauptung zurück, etwa daß die Schule zu exklusiv sei: in mühevoller Kleinarbeit stellten sie Listen um Listen der Schülerinnen auf, gestaffelt und verschiedenfarbig unterstrichen: blau die Kinder von auslandsdeutschen Eltern oder solchen auf Außenposten der Regierung, rot die, deren Väter bei der Wehrmacht waren, grün die aus luftbedrohten Gebieten – alles, um die Existenzberechtigung und Notwendigkeit der Schule nachzuweisen. Seiten um Seiten füllten die Aufstellungen, Ordner um Ordner der Briefwechsel. Denn schon wurde mit Schließung der Anstalt gedroht, die der Parteileitung nicht mehr genehm war. „Untragbar" hieß das.

Elisabeth verbrachte halbe Nächte damit, auf Hilfe zu sinnen. Frau Winifred Wagner wurde gebeten, sich an höchster Stelle zu verwenden, Herta von Reichenau, die schon erwähnte Nationalsozialistin von 1932, setzte sich nachdrücklich für sie ein, Bekannte traten für sie an Kultusminister Rust heran – kurz, Elisabeth bewegte alle denkbaren Hebel. In jedem einzelnen Fall unterrichtete sie die Helfer genau über das, was tatsächlich geschehen war, und das, was Entstellung daraus gemacht hatte.

Die Eltern andererseits informierte sie über pädagogische, zum Teil kriegsbedingte Schwierigkeiten. Wer nicht besonders eingeweiht war, las zwischen den Zeilen nichts von ihren politischen Problemen.

„Es ist wichtiger denn je, in der Jugend Verantwortungsbewußtsein zu wecken und zu festigen. Ohne Zuverlässigkeit in kleinsten Dingen läßt sich bekanntlich die Pflichttreue im Großen nicht erzielen."

Sie griff zwei Punkte heraus, die ihr von jeher wesentlich in der „Erziehung zur Gemeinschaft" gewesen waren: Lebensmittelpakete und Geldsendungen. Besonders die ersten waren eine prekäre Frage im Krieg, aber Elisabeth erlaubte sie weiterhin nur zu Advent und Geburtstag.

„Man kann über diese Frage auch anderer Meinung sein, das weiß ich. Ich habe aber meinen wohlüberlegten Standpunkt grundsätzlich bisher nicht verlassen können. Undisziplinierter Genuß von Süßigkeiten, Delikatessen, Alkohol und Nikotin entnervt, verweichlicht und ist besonders bei Jugendlichen gefährlich. Versuchungen gegenüber Widerstand zu leisten, stählt den Charakter …"

Sie hatte Grund, diese Frage anzuschneiden. Sie und ihre Umgebung erlebten soeben mit Erschütterung, wie eine seit Jahren süchtige Künstlerin, der Elisabeth an der Schule Geigenunterricht zu geben ermöglicht hatte, dem Alkohol völlig verfiel. Obgleich Elisabeth und andere sich intensiv ihrer annahmen, sie zu den Zügen begleiteten, ihr die Fahrkarte lösten, ging es ihr zunehmend schlechter. Man fand sie eines Tages ertrunken im Starnberger See, es war ein Schicksal, das für Elisabeth zu den quälendsten unter allen Belastungen dieser Monate zählte.

Darum – und nicht nur darum – der dringende Appell an die Eltern:

„Lernt die Jugend einmal auf kleine Wünsche verzichten, so ist schon der Anfang gemacht. In erster Linie, darum können wir es nicht verantworten, den jugendlichen Wünschen freien Lauf zu lassen. Es kämen die Töchter der sparsamen Eltern in eine sehr schwierige Lage. Auch fürchten wir die Gefahr von Abhängigkeitsverhältnissen einzelner Schülerinnen von anderen, die das

Leben in der Gemeinschaft erschweren würden. Im Interesse der Erziehung zu Zuverlässigkeit und unverrückbarer Wahrhaftigkeit bitte ich von ganzem Herzen um Ihre Mitarbeit. Ich will hier keinen Polizeistaat und möchte den Schülerinnen trauen können. Nichts kann mich trauriger machen, als wenn ich in meinem Vertrauen immer wieder enttäuscht werde."

So kämpfte sie gegen den infolge der Kriegsverhältnisse zerfallenden Gemeinschaftssinn. War doch selbst in ihrem begrenzten Bereich deutlich, daß etwa der Staat, der den Krieg brauchte und provozierte, um innerer Schwierigkeiten Herr zu werden, sich über den Erfolg seiner Unternehmung täuschte. Jeder Krieg führt auch zu innerem Zerfall. Im Frieden waren solche seitenlangen dringlichen Bitten nicht nötig gewesen:

... „auch an die Großmütter, Tanten und Onkel, weder Geld noch Briefmarken zu schicken, damit meine persönliche Kontobuch-Kontrolle bei den Kindern nicht sinnlos wird. Es ist gegenwärtig schon schwer genug, den uns Anvertrauten an Leib und Seele zu geben, was für ihre Entwicklung gut ist. Alle unsere Kräfte" – wir können sagen: Elisabeths Lebenskraft – „sind auf dieses Ziel gerichtet, reichen aber nicht aus, wenn wir uns nicht rückhaltlos durch die Eltern unterstützt wissen. Für jede offene Meinungsäußerung wäre ich daher sehr dankbar: Sollen wir das Taschengeld für alle Schülerinnen um eine Mark im Monat steigern, um allen die gleiche, aber beschränkte Möglichkeit zu geben, Obst und Süßigkeiten zu kaufen? – Dem großen Reichtum meiner besonders nahen Beziehungen zu vielen Eltern darf der Arbeitsernst und die Disziplin der Schülerinnen nicht zum Opfer fallen."

Die Arbeitsüberlastung und die Kämpfe dieser Zeit zeichneten sich in Elisabeths Gesicht ab. Es war in Spannung, wenn die Post eintraf, denn jede konnte neue Verwicklungen bringen. Nach innen, ihren Freunden zugekehrt, zu denen die Mitglieder ihres Schulvorstandes, insbesondere ihr ritterlicher Verbündeter, der Rechtsanwalt Freiherr von Campenhausen, gehörten, war sie weich, tief betroffen, wund in dieser Zeit, sogar hilflos, wie man sie nie sonst gesehen hatte. Nach außen voll Trotz, unerbittlich in dem Bewußtsein des Rechtes auf ihrer Seite. Damit gewann sie keinen Boden zurück, sie spürte es selbst. Aber es war wohl schon über die Schule der Stab gebrochen, und hätte sie mit Engelszungen gesprochen, mit Engelsflügeln geschrieben.

Es wurde ein steiniger Weg von einem Tag, von einer Woche zur anderen. Am wöchentlichen gemeinsamen Abend mit den Schülerinnen zwang sie sich, alle Erschwernisse zu vergessen. Und wenn ehemalige „Kinder" sie besuchten, war sie so warm wie je an ihrem Schicksal und Werdegang interessiert.

Sie fuhr über Weilheim zu dem herrlichen Wallfahrtsort Peißenberg, wo Inge van Scherpenberg, Tochter Schachts, eine Pension betrieb und ihre Kinder erzog, während ihr Mann am Auswärtigen Amt in Berlin tätig war. Ihr Haus bot einen einzigartigen Ausblick, den Elisabeth nicht genug genießen und rühmen konnte. Manchmal gingen die beiden Frauen zu Fuß den Wiesenweg zu der Kapelle hinauf – wie weise waren die Alten gewesen, ihre Wallfahrtsziele auf Berge zu bauen: festliches Rokoko und das ersehnte Gnadenbild nach einem Weg, der von Schritt zu Schritt den Blick weitete und abzustreifen zwang, was Körper und Seele belastete!

Sie schickte die Rekonvaleszenten ihrer Schule in die Scherpenbergsche Pension, und sie selbst kam entspannter und stiller von dort zurück, es hatte sich im Gespräch mit der klugen und mütterlichen jungen Frau manches Problem geklärt.

Nach und von Wieblingen eilten Briefe und Pakete hin und her, sie jagten einander. Elisabeth glaubte zwei Haushalte zu bedenken zu haben, sie wollte nichts verkommen lassen, nichts vergessen.

„Wollen Sie bitte mit dem Luftschutzwart überlegen, wie der Luftschutz bei einem etwaigen Bombentreffer auf das Schloß am besten gesichert werden kann?"

Sie sorgte sich in Tutzing um den Heizkessel in Wieblingen, der reparaturbedürftig war – und Handwerker waren so schwer aufzutreiben; sie erbat für Tutzing zwei eiserne Öfen als Notheizung „mit reichlich dazugehörigen Rohren. Hier ist davon nichts mehr zu haben, bitte per Eilfracht." Nässeschäden und Fliegergefahr in Wieblingen beschäftigten sie abwechselnd mit Ernährungs- und Einrichtungssorgen in Tutzing. „Wir wären Ihnen sehr dankbar, wenn Sie alles daransetzen würden, noch Äpfel für uns aufzukaufen. Für die einhundertunddreißig Menschen hier haben wir ja die Berechtigung, Äpfel zu bekommen." Sonst gab es dergleichen nur mehr für Lazarette.

Welches Glück, daß Walter Staege, Hausmeister, Techniker, guter Geist, von der Front inzwischen freigestellt war. Er schickte Öfen, Äpfel, Verdunkelungsrollos samt Gurten dazu und was sonst noch gewünscht wurde.

Das alles zu den eigentlichen Aufgaben im Internat war eine ständige Überforderung.

Die Hauptbelastung dieser Wochen ging jedoch auf einen denkbar unangenehmen Besuch zurück: Beamte der Geheimen Staatspolizei erschienen in SS-Uniform in der Tutzinger Schule. Sie bemängelten zunächst, daß an keiner Wand ein Hitlerbild hing. Den Einwand, daß man hierher ja nur evakuiert sei und das offizielle Hitlerbild der Schule in deren badischer Heimat hinge, ließen sie nicht gelten. Während Elisabeth die Männer durch alle Räume führen mußte, wurde ihr aus vielen Bemerkungen klar, daß der Besuch auf die leidigen Denunziationen vom Frühjahr zurückzuführen war. Nachdem alles besichtigt worden war, wurde Elisabeth selbst einem stundenlangen Verhör unterzogen. Elisabeth wird in ihrer einfachen und geraden Art geantwortet haben – die Protokolle sind bis heute nicht zugänglich oder nicht mehr vorhanden. – Eine Beunruhigung über die lauernde Bosheit der Fragestellung, eine Ratlosigkeit gegenüber der unbelehrbaren Sturheit, die keine Gegengründe anerkennen wollte, blieb bei ihr zurück. Außerdem erschütterte sie die Tatsache zutiefst, daß einer der Beamten sie offenbar schon in Heidelberg beschattet hatte; sie erkannte ihn wieder, einen jungen Unbekannten, der ihr damals durch das ständige Tragen eines Schwarzhemdes aufgefallen war.

Sie versuchte, ihre Vergeßlichkeit gegenüber den anscheinend unentbehrlichen Requisiten gutzumachen, und bat mittels eines hastig hingeschriebenen Zettels: „Bitte auf schnellstem Wege, also per Eilfracht, das Parteiprogramm, das in der Halle hängt, zu schicken. Ebenso das Hitlerbild aus meinem Zimmer, im Goldrahmen. Hoffentlich finden Sie Zeit, das schnellstens zu erledigen."

Und Walter schickte Hitlerbild und Parteiprogramm, an der Wand blieben helle Flecken. Sie kamen sofort, aber doch zu spät.

Die doppelte Haushaltsführung verschlang übermäßig viel Zeit, Geld und Kräfte. Elisabeth erkannte jetzt, daß sie durchzuhalten ein krampfhaftes Unterfangen war. Außerdem wurde, eine neue Hiobsbotschaft, nun in Bayern die Auflösung privater Landerziehungsheime akut. Durch umfangreichen Schriftwechsel erreichte sie, daß die inzwischen im Wieblinger Schloß untergebrachten Volksdeutschen aus dem früheren, nun okkupierten Ausland geeignete Behausungen fanden. Unter denkbar schwierigen Bedingungen wurde nun wieder der ganze Internatshausstand verpackt und nach Heidelberg zurückgeschickt. Der Rücktransport dorthin erwies sich als weit schwieriger als der damalige Umzug. Heidelberg war, nachdem der Frankreichfeldzug beendet war, nicht mehr frontnah. So war der Einzug in das verwohnte, aber heimatliche Schloß auch vor den Eltern vertretbar. Mit sieben Waggons voll

Hausrat und Gepäck kehrte man Ostern 1941 nach Wieblingen heim. Elisabeth atmete auf in der Hoffnung, daß Baden seine Privatschulen nicht verstaatlichen würde, wie Bayern es nun bereits tat.

Der dunkle Schatten des Gestapoverhörs war zwar nicht zu verscheuchen, aber, schrieb eine junge Mitarbeiterin: „Das hab' ich an ihr so bewundert, daß sie trotz ihres Wissens mit uns Jungen dennoch immer fröhlich und zuversichtlich sein konnte. Wie mag es aber in ihrem Innern ausgesehen haben?"

An jenem Sonntagmorgen, dem 22. Juni 1941, an dem das Radio meldete: „Seit den frühen Morgenstunden überschreiten unsere Truppen die Demarkationslinie in breiter Front und marschieren in Rußland ein", hörte Elisabeths Kusine Gusti die Nachricht. Als sie sie Elisabeth früh um sechs Uhr überbrachte, wurde diese weiß: „Das ist das Ende." Und es war das „Ende", wenn auch erst dessen Anfang.

Im Mai 1941 erhielt Elisabeth die längst gefürchtete Verfügung des badischen Unterrichtsministeriums, nach der ihr die Genehmigung „zum Betrieb eines Landerziehungsheims" entzogen wurde, „da dieses Unterrichtsunternehmen keine ausreichende Gewähr für eine nationalsozialistisch ausgerichtete Erziehung der Jugend bietet". Diese Begründung stimmte genau.

Die Schule wurde verstaatlicht. Wie schon erwähnt, lag das im Trend dieses Jahres. Denn je skeptischer sich Erwachsene gegenüber dem Staat und seinen immer irrealeren Kriegszielen verhielten, desto rücksichtsloser griff er nach den Kindern.

Am Morgen, nachdem sie die Verfügung erhalten, rief Elisabeth Pfarrer Maas an, der auch sofort kam. Sie hatte die Nacht nicht geschlafen, sie fühlte sich zerschlagen wie seit Jahren nicht. Nach der monatelangen schweren Belastung brach sie weinend zusammen. Ändern konnte der Freund nichts, nur dasein und sie um Demut und Stille bitten. Aber ihr ganzes Wesen begehrte auf.

Jetzt würde die Propagandalüge auch in ihre Klassen Einzug halten, jetzt würde der Ungeist sich auch ihrer Kinder bemächtigen, der Kinder, die Eltern bewußt *ihr* anvertraut hatten. Sie kämpfte noch einige Wochen lang. Aber einmal mußte sie es den Kindern mitteilen. Nie hatte eines sie je schwach gesehen, aber jetzt sprach sie nicht zu Ende, sondern ging hinaus. Eine Verspätete, die eilig durch die Halle gelaufen kam, sah sie tränenüberströmt und erfuhr von den betretenen Mitschülerinnen: „Thadden muß gehn!" Manche hatten kein Zuhause mehr oder hatten nie eines gehabt, viele der Väter waren im Feld. „Thadden" war ihre Mutter gewesen, zuweilen streng, aber gut.

Die letzten Tage vor den Sommerferien waren unendlich traurig. Die allmorgendlichen Andachten, obwohl einer der Anlässe zu ihrer Vertreibung, fanden weiterhin statt. Sie hatten in diesen schweren Tagen jede einzelne das Gewicht einer Verpflichtung. Das letzte gemeinsame Vaterunser: die Mauer des „Dein Wille geschehe" war für Elisabeth noch unübersteigbar, sie brach vor allen in Tränen aus, ehe sie sie erreichte – die Kraft und die Herrlichkeit.

In einer Mappe des verstorbenen Herrn von Campenhausen fanden sich nach seinem Tod, über ein Jahrzehnt später, die Protokolle und Unterlagen über die Abwicklung von Elisabeths letzten Wieblinger Geschäften. Es zählten nur noch schwere Tage ohne einen Ausblick:

Der Tag, an dem sie den neuen staatlichen Schulleiter, übrigens einen fähigen Mann, und einen Oberregierungsrat vom Kultusministerium zur Besichtigung durch Gebäude und Garten führen mußte. Herr von Campenhausen eilte herbei in seinem dunkelfarbenen Umhang, „um Fräulein von Thadden in einer derart schwierigen Situation nicht ganz ohne männlichen Schutz zu lassen".

Die Stunde, als die Zukunft der Angestellten zur Sprache kam und der Plan, der Gärtnerin Wölber, einer beliebten und vielfach angeschwärmten Lehrerin, die doch mangels anerkannter Ausbildung schwerlich eine neue Existenz finden würde, den Neckargarten in eigener Regie zu überlassen, von den fremden Herren abgelehnt wurde.

Der Augenblick, als auch die Sicherstellung Elisabeths durch den Staat abgelehnt wurde, obwohl Herr von Campenhausen geltend machte, daß sie „zu den Angestellten gehöre, welche keinesfalls übergangen werden dürften", da die Schule ihr Lebenswerk und mit ihrem Vermögen gegründet sei wie auch eigentlich alles ihr verdanke.

Die Inventarisierung. Die Taxation: abgeschätzt, abgewertet, womit sie in Jahren in durchdachter Weise die Häuser gefüllt hatte.

Schwer, unfaßlich die Abreise, ein letztes Mal an den roten Säulen vorbei, auf Nimmerwiederkehr. An solchen Tagen duftet neben einem das einfachste Blatt wilden Weins, und man vergißt es nicht mehr.

Schwer die nicht enden wollenden Scherereien und wochenlangen Schwierigkeiten wegen Schäden an den Häusern, die sie noch reparieren lassen sollte. Schwer, innerlich zur Ruhe und äußerlich zu einer neuen Arbeit zu kommen. – Wegen Fräulein Wölbers Zukunft schrieb sie lange, besorgte Briefe und verzichtete zunächst auf die eigene zäh durch Campenhausen erkämpfte Abfindung, die sie dann allerdings doch bekam.

Sie bemühte sich, das Kapitel Wieblingen in ihrem Leben abzuschließen. Es sollte ihr nicht gelingen:

„Es läuft ja alles viel länger aus, als ich dachte, ich habe noch ständig mit Korrespondenzen zu tun... auch, um meine neuen Betätigungsmöglichkeiten zu sondieren."

Berlin 1941

Ja, arbeiten konnte und mußte sie wieder, Elisabeth konnte nicht tatenlos sein.

„Seit einigen Tagen arbeite ich im Präsidium des Deutschen Roten Kreuzes für die Versorgung der Kriegsgefangenen und Internierten mit Lesestoff...", und: „Ich bin im Begriff umzuziehen."

Carmerstraße 12, Berlin, war Anna von Gierckes Haus. Nach langer und inhaltsreicher Lebensarbeit als Leiterin einer der drei großen Sozialschulen Berlins lebte sie nun hier im Ruhestand, der ihr eine weiträumige Hilfstätigkeit, nach wie vor, zeitlich erlaubte. Elisabeth konnte in ihrem Hause zwei winzige Kellerzimmer bekommen: „sonnenlose, aber sehr gemütliche Räume". Eine Bekannte hatte gesagt: „Daß es die Carmerstraße gibt, ist ein solcher Trost!" Viele fanden hier Geborgenheit oder ein wirkliches Versteck.

Anna von Giercke bewohnte zwei Treppen höher als Elisabeth eine genügend große Wohnung – zu zweit mit ihrer Freundin und ehemaligen Mitarbeiterin Isa Gruner –, die, im Sommer noch durch eine geräumige Veranda erweitert, eine kriegsmäßig einfache Gastlichkeit eigener Art erlaubte. Hier fanden sich allmittwochs kritische Menschen zusammen zu einem Vortrag oder gemeinsamem Bibelstudium unter Leitung von Pfarrer Jakobi oder Bibliothekar Smend. Oft erschienen bis zu achtzig Gäste, die gegen einen kleinen Unkostenbeitrag „ein aufs zierlichste angerichtetes, von Anna von Giercke bereitetes Abendessen" einnahmen. Romano Guardini, Hellmuth Gollwitzer, Hermann Maas, Martin Niemöller, sooft er aus dem KZ frei war, Theodor Heuss, Elly Heuss-Knapp, Agnes von Zahn-Harnack, Gertrud Bäumer und andere bekannte „Geheimtips", die dem Regime stets verdächtig waren, hielten Vorträge über Gegenwartsliteratur, zum Beispiel Bernanos, Selma Lagerlöf, Ina Seidel, Ernst Jünger, über ihre Forschungs- und Tätigkeitsgebiete – Südsee, Astronomie, Wirtschaftsfragen –, über biblische Themen. Und während der zwanglosen Gespräche bis tief in die Nacht wurden Lebensmittelmarken für „Untergetauchte" gesammelt.

In diesem Kreis wäre Elisabeth in ihrem Element gewesen. Und natürlich gaben ihr auch diese Abende viel. Aber was nützt einem entwurzelten Baum, daß man seine herausragenden Wurzeln mit Wasser begießt, wenn ihm doch die Erde fehlt? Elisabeth war oft weit fort mit ihren Gedanken, auch unglücklich und zerstreut. Sie war bei allem, was sie hörte und aufnahm, seit Jahren gewohnt zu denken: „Das müssen die Kinder auch erleben..." Und während sie am Gespräch teilnahm und nicht teilnahm, hörte sie aus weinberankten offenen Fenstern eine Ziehharmonika den Pußtafox spielen oder den Schulgong und darauf viele Füße auf den Wieblinger Schloßtreppen...

„Ich soll in Zukunft beim Deutschen Roten Kreuz ein anderes Arbeitsgebiet bekommen, nachdem im Mai ein größeres Haus bezogen werden wird. In dieser Schwebezeit könnte ich am leichtesten noch einmal nach Heidelberg kommen. Eine Vorstandssitzung zur Rechnungslegung muß ja doch noch einmal sein."

Im Heidelberger Europäischen Hof sitzt sie mit einem großen Kreis ihrer Freunde und Mitarbeiter eines Nachmittags fröhlich zusammen, ungebrochen in ihrer Gesinnung, überhaupt ganz die alte, „Fräulein von Thadden, vorsichtig, pscht!" – unbekümmert und froh. Die Vorstandssitzung ist für sie nichts als Freude, es scheint, als sei alles dazwischen ein schrecklicher Traum. Er wird einmal völlig vorübergehen. „Ich war so glücklich in diesem Kreis mit Ihnen und danke Ihnen für alles!"

Mit ganz neuem Mut nach dem Wiedersehen geht sie wieder nach Berlin und hat bald „inzwischen annähernd fünftausend Bücher der Rosenberg-Spende (der Bevölkerung) fertig gesichtet und geprüft. Für das mir verliehene Referat der Studienhilfe für deutsche Kriegsgefangene muß erst noch der Vorgänger das Feld räumen."

So lange will sie rasch noch die Sommerferienzeit und das Angebot einer Wieblinger Mutter, sich in deren Partenkirchener Wohnung auszuruhen, nutzen. Innerlich ist sie immer in wartender, suchender Haltung:

„... ich kann und will nur etwas Sinnvolles tun, je nachdem ich es verantworten kann. ‚Bis Gott aus unsern Opfern Segen wirkt /

und in den Tiefen, die kein Aug' entschleiert, / die trocknen Brunnen sich mit Leben füllen' (Reinhold Schneider)..."

Mit vielen Büchern, „die es für mich Zeit, sie zu lesen, wird", reist sie. Überhaupt liest sie – endlich – viel. Freunde schenken und leihen ihr Bücher, aus denen sie Kraft zu schöpfen versucht, den Schmerz zu ertragen. Ein Wort, das ihr besonders nachging, sollte sie wenig später einer Freundin ins Gästebuch schreiben:
„Ergebung in das, was geschehen kann,
Hoffnung und Vertrauen, daß nur dasjenige geschehen wird, was heilsam und gut ist,
und Standhaftigkeit, wenn etwas Widerwärtiges einbricht,
sind alles, was man dem Schicksal entgegenstellen kann
(Wilhelm von Humboldt)."

Ergebung? Als Margarete Massias, ehemals beliebte Fachkraft für Naturwissenschaften an ihrer Schule, sie im Januar 1943 in Berlin besuchte, hatte sie wieder so viel Mut geschöpft, daß sie ganz sicher war: „Massias, wir kriegen die Schule zurück, und Sie müssen wieder kommen, und Dr. Rave." Sie machte Pläne.

Vorerst fuhr sie, vom Roten Kreuz geschickt, nach Frankreich, „um Soldatenheime zu besichtigen", zu sehen, wo es fehlte, und um die „bessere Betreuung der zahlreichen Helferinnen", die selber innere und äußere Hilfe brauchten, vorzubereiten. Täuschte man sie? In Wirklichkeit erhielt sie bald darauf eine ganz untergeordnete Tätigkeit, für die sie dennoch von ihrer Ausbildung her kaum Voraussetzungen mitbrachte, als Schwesternhelferin auf einem Posten, der ihr so gut wie keine Betreuung von Menschen bot.

Bei geschlossenen Grenzen

Elisabeth von Thadden war von Natur wohl weniger eine politische als in erster Linie eine dem Wesen nach protestantische Persönlichkeit. Aber eben dieses Wesen ist dem Politischen zugewandt gewesen, zuweilen lediglich interessiert, zuweilen, in dem ihr eigenen Raum, konsequent handelnd.

Was Elisabeth in die Opposition führte, war ihre christliche Überzeugung, war moralisch-ethisch bedingt.

Es zeigt sich ja immer wieder, daß der christliche Glaube, ob er will oder nicht – oft am wirkungsvollsten da, wo er es nicht einmal will oder auch nur beabsichtigte –, ein Politikum von größtem Gewicht darstellt. Nicht umsonst versucht jeder autoritäre Staat, die Glaubensgemeinschaften sich gefügig zu halten – sie kommen ihm selber dabei entgegen – oder sie zu bekämpfen. Die Kehrseite: nicht umsonst verfällt ein Staat, sei er autoritär oder demokratisch geformt, wenn das metaphysische Verantwortungsgefühl verlorengeht, wenn der persönliche oder auch der kollektive Eigennutz stärker wird als das Gewissen und Wissen um einen Verantwortung fordernden Gott.

Viele ihrer Freunde können für das im folgenden dargestellte Geschehen Elisabeth nicht den Vorwurf ausgesprochener Unvorsichtigkeit ersparen. Jedoch aus welchem Grunde sollte sie aus ihrer eigenen Sicht und Natur vorsichtig sein? Sie war nicht gewöhnt, leise zu treten, nicht mit den Füßen und nicht mit den Worten, nie um eines Zweckes und kaum um eines Schonungsbedürftigen willen. Den Gesprächspartner zunächst abzutasten und auszuhorchen schien und war unter ihrer Würde.

Gewiß unterschätzte sie die Gefahr, die ihr drohte. Vielleicht existierte in ihren Augen keine Gefahr selbst nach den Erlebnissen der letzten Zeit. Vielleicht aber existierte zwar Gefahr für sie und unterschätzte sie nichts, aber sie mußte herausfordern mit ungedämpfter Stimme, weil ihre Natur es so wollte – weil ihr vorgewiesener Weg eben dieser, der der Unvorsicht, war.

Unser Jahrhundert, einst als Jahrhundert des Kindes proklamiert, ist in Wahrheit das Jahrhundert des entwürdigten Menschen geworden, dessen Dasein zunehmend und immer rascher entpersönlicht wurde. Massenverkehr, Massentransport, Massenunterhaltung, bis hin zu Massenkriegen und -lagern: Menschen als Herden erfaßt, behandelt, vernichtet. Die Tatsachen sind längst nicht auf die dreißiger und vierziger Jahre beschränkt, dieses Zeitalter ist immer noch nicht abgelöst.

Elisabeth von Thadden ging nicht in bezug auf die allgemeine Entwicklung, aber auf sich selbst völlig unbefangen, nahezu ahnungslos in das Unmenschliche hinein – was nicht heißt, daß sie nicht wach genug beobachtete, da, wo es um andere ging, stets zum Schützen und Handeln bereit. Die Gefahr, die ihr selber drohte, hat sie verkannt.

Wenn ein Unwissender in den Bereich einer ihm fremden Maschine gerät, kann ihr Getriebe ihn ergreifen. Daß die herrschende Weltanschauung sich eine Maschinerie geschaffen, die Widerspenstige kunstvoll fing und ihre Gegner fraß – wenn Elisabeth auch davon wußte, so glaubte sie für sich selbst so wenig daran wie alle unbefangenen Menschen, die ins Garn gingen. Unbefangenheit aber ist hier „Leichtsinn", das Jahrhundert der Unmenschlichkeit fordert Befangenheit und nennt sie dann allzugern Klugheit oder Vorsicht.

So geriet Elisabeth in ein ihrem Wesen gänzlich fremdes Getriebe.

Im Hauptquartier der Geheimen Staatspolizei in Drögen bei Fürstenberg arbeitete unter anderen ein einflußreicher SS-Führer als Kriminalbeamter: „Leo Lange". Er gehört zu den Beamten, deren wahre Identität nach 1945 nicht festzustellen war. Mancher arbeitete damals unter Decknamen oder tauchte nach dem Ende des Dritten Reiches mit fremdem Paß und Namen unter. So sei er hier genannt, wie er einzelnen seiner wenigen entronnenen Opfer bekannt ist. Als Leiter des Referats „Bürgerliche Opposition" im Reichssicherheitshauptamt hat er im ganzen Komplex um die Ereignisse des 20. Juli 1944 – Attentat auf Hitler durch Stauffenberg – als Vernehmungsbeamter eine bedeutende Rolle gespielt. Hassell, Speidel und zahllose andere waren seinen Maßnahmen ausgeliefert. „Lange" wird beschrieben als mittelgroß, gut aussehend, bei den Verhören, die er führte, „fies, gefährlich und zynisch – ganz übel". Nach Rudolf Pechel, der als Häftling ihn ebenfalls erlebt hat, war er „die schlimmste Kreatur des Reichssicherheitshauptamtes... Verhöre nur nachts unter Anwendung brutalster Methoden".

„Ein furchtbarer Mann", schreibt Ehrengard Schramm, Elisabeths Schwester, „ich habe ihn selbst gesehen und kann das Grauen verstehen, mit dem meine Schwester von ihm sprach. Er war einer dieser Mörder, die vor nichts zurückschreckten, was ihnen half, ihre ehrgeizigen Pläne zu verwirklichen... dabei noch nicht einmal dumm. Lange hatte eine Ahnung davon, wie edle Menschen konstruiert sind, und richtete seine Methoden darauf ein." Feinsinnige, ihm in jeder Hinsicht weit überlegene Männer ließ er schlagen, auch solche, die nie mit Attentatsplänen etwas zu tun gehabt hatten, aber das Regime aus moralischen Gründen ablehnten. Anderen drohte er, sie zu foltern. Das ließ er ausführen bis zur Unkenntlichkeit der Opfer, wie der Gefängnisgeistliche Harald Poelchau bezeugt. Lange fand eines jeden schwachen Stelle heraus. Mit Frauen plauderte er charmant. Einer schickte er in ihre Zelle einen großen Strauß Rosen. Moralisch zerbrechen, das war sein Ziel. Manchmal gelang es.

Lange also überreichte 1942 oder Anfang 1943 einem jungen SS-Mann eine Liste mit Namen, die er sich einprägen sollte. Diese Berliner Einwohner seien staatsgefährdender Umtriebe verdächtig, nun gehe es darum, sie zu überführen. Die meisten von ihnen hatten Verwandte oder Freunde im Ausland. Deshalb sollte der junge Herr sich in der Schweiz Anknüpfungspunkte verschaffen. Die Adressen der Exponenten, mit denen die Verdächtigen korrespondierten, lagen anbei: die des dort im Ruhestand lebenden früheren Reichskanzlers der zwanziger Jahre, Joseph Wirth, die des ehemaligen Ministers Kindt-Kiefer, die des Sozialpädagogen Siegmund-Schultze – alle früher Berlin.

Der junge Agent bekam Anweisungen, Befugnis, Erlaubnis und Ausweise. Er war bereit, sein Bestes zu tun, stolz auf den wichtigen Auftrag – „kriegswichtig", das klang in seinen Ohren noch famoser – und gewillt, derart die sogenannten Sporen sich zu verdienen. Man hört, er übernahm den Auftrag für Geld. Doch tat er es für Geld nicht allein. Vielleicht wollte er außerdem den Militärdienst an der Front vermeiden. Aber es war ihm mehr: er glaubte zugleich und vor allem – das war der Ausgangspunkt, mit dem er sich überhaupt zur Verfügung gestellt – auf diese Weise etwas Großes für Deutschland zu tun. Die Utopie eines homogen nationalsozialistischen Staates vor Augen, der alte Wahnsinn der Welt: die Erde von Andersdenkenden reinigen zu wollen!

Namen von Mördern sind mit denen Ermordeter – und sei die Spur auch für Menschenaugen verwischt – in alle Ewigkeiten verknüpft, untrennbar jedoch auch die von Verrätern mit denen Verratener.

Wir können leider in einer Geschichte Elisabeth von Thaddens ihren Verräter nicht verschweigen. Er ist bereits in mehreren Büchern – unter anderem bei Weisenborn, Pechel und Hammerstein-Equordt – genau wie „Leo Lange" verzeichnet und nachzulesen. Mit Rücksicht jedoch auf die Seinen, zum zweiten, weil uns nicht erlaubt scheint, allzu bequem jede Schuld auf eine einzelne Person abzuwälzen, anstatt die Sache selbst und die eigene Rolle in ihr – als passiver Mitträger tödlicher Institutionen – zu erkennen, drittens vor allem weil einem jeden, solange er lebt, von seinen Mitmenschen die Chance zur Umkehr eingeräumt werden muß, erlauben wir uns, den Denunzianten im Zusammenhang dieses Berichtes abgekürzt zu benennen. So stellen wir also vor: Dr. med. Reck…, seinerzeit Medizinalassistent an der Charité in Berlin.

Wir hörten, daß Friedrich Siegmund-Schultze, seit 1933 aus Deutschland gewiesen, in Zürich lebte. Seine Hauptarbeit, die der Sozialen Arbeitsgemeinschaft, war ihm genommen, nicht jedoch seine Lebensaufgabe, die der Völkerverständigung. Er war und blieb nächster Mitarbeiter Bischof Söderbloms in Uppsala, jenes Vorkämpfers der Ökumene. Er blieb auch Sekretär der Weltfriedensbewegung. In freundschaftlicher Verbindung mit amerikanischen Quäkern aufgrund ihrer Hilfe von 1919, mit anglikanischen Bischöfen und Kirchenführern aus aller Welt, war er auch mit zahlreichen Staatsmännern gut bekannt, darunter den Engländern Lloyd George und Winston Churchill, dem Amerikaner Allan Welsh Dulles, Roosevelts Berater in europäischen Fragen, dem Schweizer Carl Jacob Burckhardt auf jener Seite und zahlreichen deutschen Politikern im Reich.

Während die politische Lage sich 1938/1939 zuspitzte, vereinbarte er mit Erzbischof Temple von Canterbury, seinem persönlichen Freund, erstens selber mit ihm und zweitens weiterhin ungeachtet sich schließender Grenzen mit deutschen Kreisen, die der Friedensbewegung, der Ökumene, der Una Sancta nahestanden, in ständiger Fühlung zu bleiben. Den Mut oder die Möglichkeit dazu besaßen allerdings weniger die streng überwachten deutschen Kirchenleitungen als unabhängige, findige und vom unermeßlichen Unglück eines Krieges überzeugte Laien, so etwa Kuenzer, Oster und viele mehr, deren Ansichten Trott zu Solz prägnant zusammenfaßte: „Der Krieg löst kein Problem."

Wenn man einige der inzwischen erschienenen zahlreichen Veröffentlichungen über „den" Widerstand liest, kann ein Unbefangener den Eindruck gewinnen, daß der Widerstand viele starke Gruppen umfaßte, die sich nur zu vereinigen brauchten, um das den meisten verhaßte Regime zum Wohle ganz Deutschlands zu stürzen.

So war die damalige Wirklichkeit nicht. Es waren wenige Einzelne, zum Teil weit voneinander entfernt lebend und ohne voneinander zu wissen, oder nur kleine machtlose Kreise. Und sie riskierten fortgesetzt ihren Kopf, gefährdet – wie Gerhard Ritter, der Freiburger Historiker, es in seiner Vorlesung über die Französische Revolution im Sommer 1941 in Doppelbezug auf diese und auf die Gegenwart formulierte – schon allein durch die Tendenz eines solchen Staates, „alle über das Durchschnittsniveau hinausragenden Köpfe abzumähen". Das sollte grausige Wirklichkeit werden. Die Parteispitze hatte ja einen erbarmungslos funktionierenden Apparat. Unter der Regie des Reichssicherheitshauptamtes beobachtete das Amt Inland die geringste Regung eigener Meinungsbildung im Volk und unterband jeden Versuch Anders- und darin Gleichgesinnter, miteinander Verbindung aufzunehmen.

Schon anläßlich der Strasser-Krise 1931 hatte SS-Führer Heydrich begonnen, einen Nachrichtendienst aufzubauen. Nach 1933 zogen in alle wichtigen Behörden ehrenamtliche Mitarbeiter des Sicherheitsdienstes, des SD, ein. Später wurde ein Riesenapparat aus verschiedenen Mitteln finanziert: vom Finanzminister forderte der SD 700690.- Reichsmark monatlich, vom Stellvertreter des Führers 270 000.- Reichsmark, von der Reichsleitung der NSDAP, der Nationalsozialistischen Deutschen Arbeiterpartei, 80 000.- Reichsmark aus Parteibeträgen, von der SS: unbekannt wieviel, „siehe Sonderetat".

Denunziationen durch „Hoheitsträger", nämlich führende Personen aus den verschiedenen Gliederungen der Partei, wurden bevorzugt behandelt. Ja, war die Polizei sonst angewiesen, auf eine Strafanzeige eine Vorprüfung durch weitere Zeugen vorzunehmen, so bedurften zum Beispiel Anzeigen von Ortsgruppenleitern der Partei oder von Frauenschaftsführerinnen solcher Vorermittlungen nicht. Im Mai 1944 ordnete Reichsleiter Bormann außerdem an, daß in Berlin weitere zweihundert, im Reichs- und Besatzungsgebiet weitere sechstausendundfünfundzwanzig Parteigenossen zusätzlich zu den bisherigen Helfern für ehrenamtliche Tätigkeit im SD (sprich Spitzeldienst) heranzuziehen seien. Es hieß wirklich offiziell: ehrenamtlich!

Die politische Polizei – SD und Gestapo gleich Sicherheitsdienst und Geheime Staatspolizei – war, das versteht sich von selbst, mit SS durchsetzt. – Die SS galt als Eliteeinheit, verstand sich selber als solche und hätte es vielleicht unter anderer Zielsetzung sein oder werden können, aber ihre eigene Spitze degradierte sie früh zu einer mächtigen Clique von Verrätern, Spitzeln und von Vernichtern einer wahren, freiheitlichen Elite im Volk.

Nachweislich bedienten sich Sicherheitsdienst und Geheime Staatspolizei vornehmlich junger Intellektueller als Agenten. Diese Jungakademiker, vor 1933 ohne Berufsaussichten, in der Hoffnung auf einen utopischen Zukunftsstaat nach dem „Umbruch", waren besonders anfällig für die Diktatur des Nationalsozialismus. Wieso konnten sie moralisch und intellektuell die sittlichen Werte ihrer familiären Erziehung verleugnen, sobald es um das Politische ging? „Die tiefe Verletzung des Nationalgefühls, die das Ende des ersten Weltkrieges hervorgerufen, das Trauma, das der Versailler Vertrag hinterließ, ließen das damals vielgebrauchte ,right or wrong, my country' zu mehr als nur einem Schlagwort, nämlich zu einem politischen Glaubenssatz, werden" (Friedrich Zipfel). Dieser leitete sie gegen Anstand, Bildung, Tradition und Vernunft: mehrere tausend Denunzianten, „ehrenamtlich", verstreut im Land; dazu „hauptamtlich" leitend: sechsundvierzig junge Juristen, acht Philologen, drei katholische und ein evangelischer Theologe, fünf Diplomvolkswirte, fünf Studenten und zwei Ärzte. Sie liehen dem Geheimdienst ihr Wissen und Können, ohne auch nur zu bemerken, wie sie dabei moralisch verkamen.

Die Geheime Staatspolizei – Gestapo –, der im Reichssicherheitshauptamt unter Reichskriminaldirektor Heinrich Müller „Gegner-Erforschung und -Bekämpfung" oblag, ein allgegenwärtiges unsichtbares Realgespenst, wußte undeutlich um die Verbindungen von Emigranten – so Joseph Wirths in der Schweiz – nach England. Sie umstellte ständig Siegmund-Schultzes Zürcher Haus mit Agenten. Als zum Beispiel diesen eine ihm seit der Kinderzeit nahestehende Kusine dort besuchte – Anne Rühle, von der wir noch hören werden –, trat er plötzlich ostentativ mit ihr vor die Tür, zeigte schnell auf einen rasch sich verbergenden Mann gegenüber und einen anderen dort: „Gib acht, solche stehen da immer herum. Die melden jetzt, daß du hier bist." – Auch seine persönliche Korrespondenz zu seinen deutschen Beziehungen war natürlich der Gestapo bekannt. Sie suchte fieberhaft, aber vergeblich nach möglichen Verbindungen von politischer Bedeutung. Eine Hausdurchsuchung, die ihr auf dem neutralen Boden der Schweiz verwehrt war, hätte ihr jenen Amateursender im Keller entdeckt, der seine Friedensfühler bald nach Beginn des Kriegs sowohl nach Berlin als nach Canterbury hin ausstreckte, geduldig und wiederholt – und immer vergeblich. Da die Gestapo dieses Senders nicht gewahr wurde, wurde Reck... auf die Reise geschickt, nicht um gegenüber an den Ecken zu stehen, sondern um nach den unsichtbaren Fäden zu greifen.

Wie weit war Elisabeth in diese Fäden verwickelt? War sie es überhaupt? Um das zu erfahren, müssen wir ihre übrigen Schweizer Freundschaften kennenlernen.

Neben Siegmund-Schultze war Elisabeths wichtigste Schweizer Beziehung die zu ihrer alten Freundin Bianca Segantini.

In den zwanziger Jahren hatten sie einander kennengelernt. Keine größeren Gegensätze als die zwei Frauen! Bianca zierlich und klein, die Augen tiefblau, beseelt von nächtlichen Träumen, in einem schmalen Gesicht unter einer großen Welle von herrlichem Haar, die Gestalt in zarte Gewänder eigener Phantasie gehüllt. Elisabeth: breit oder untersetzt wirkend, ohne jedoch dick oder gar unbeholfen zu sein, entschlossen und schwer in Gang und Gebärde, mit einem Gesicht, das Härte gegen sich selbst verriet, einem Mund, der von jahrelanger Überforderung geprägt war.

Vor dem Krieg hatten sie und Elisabeth einander wiederholt besucht. Bianca hatte sich nun im Engadin nah genug, weit genug von der Julierpaßstraße in Maloja einen steinernen Ziegenstall gemietet und ausgebaut. Anfangs mußte Elisabeth zu ihr von außen über eine Art Hühnerstiege ins Obergeschoß hinauf, wo man wohnte. Später wurde ein sicher gegen den Wind umschlossenes Treppenhaus daraus, es entstand ein lichtes Schreibatelier als Anbau mit Fensterwänden nach allen Sonnenseiten hin, denn Bianca nannte sich eine „scrittice", Dichterin. Das war sie auch zweifellos, denn sie schrieb lange Tage, „aber nichts fertig", lächelte sie; sie hatte nie etwas veröffentlicht. Sie dichtete aber an ihrem Haus, schlug selber die Wände aus mit blauem Seidenbrokat, faltete Ballen von Stoffen mit abendrosa, hauchdünnem Seidenchiffon, um die strengen ernsten Berge durch Vorhänge am Hereinschauen zu hindern, strich Zimmerdecken und Türen pastell, stickte, was sich nur stikken ließ, mit kostbaren Mustern.

Als sie sich kennenlernten, war Elisabeth achtunddreißig, Bianca fast fünfzig Jahre alt, Elisabeth stark wie ein Turm, Bianca hinfällig und leidend, Elisabeth kritisch, jedoch irritierbar, Bianca sanft, aber zäh, Elisabeth taten- und kampfdurstig, Bianca bereits geflüchtet: vor ihrem Mann, aus ihrer Ehe und vor den Verpflichtungen, die auch ihr das Leben angetragen hatte. Elisabeth ordnend im Großen, in Kleinigkeiten von der Hilfe anderer abhängig, Bianca passiv im Ganzen und rastlos im Stückwerk. Nie konnte Elisabeth begreifen, daß man im Einzelnen so absolut praktisch, im Großen des Lebenskampfes dagegen so hoffnungslos verloren sein konnte, wie Bianca es war.

Es gab eingehende Gespräche über soziale Fragen, weil das Thema „Verantwortung" Elisabeth niemals entließ, und über Metaphysik, von deren Existenz Bianca in besonderer Weise lebte. Sie breitete ihr problematisch-unübersichtliches Leben vor Elisabeth aus, doch diese hütete sich, die Planlosigkeiten korrigieren zu wollen, eher von der Irrealität fasziniert.

Das letztemal sahen sie sich im Sommer vor dem Ausbruch des Krieges.

Elisabeth wohnte in Sils. Außer ihr befanden sich noch fünf deutsche Familien da. Elisabeth war mit dem Auto gekommen, was Bianca aufregend fand, da Elisabeth nicht den Eindruck sicheren Fahrens machte.

Die deutschen Familien standen alle unter dem Eindruck und Druck einer Schicksalsstunde, jede von ihnen empfand sie beklemmend. Als Elisabeth Ende August das letztemal nach Maloja kam, sagte sie, daß sie „alle nur immer am Radio hingen" in Sils. – Außer Elisabeth fand sich ein alter italienischer Grandseigneur bei Bianca ein, Carlo Placci. Dieser war „in alle Geheimnisse der Politik eingeweiht" und sah die Achse Berlin-Rom sicher in den Krieg hineinrollen. Er brachte die Nachricht, die damals nur wirklich eng Eingeweihten bekannt sein konnte: „Die Engländer haben ein Bündnis mit Rußland abgelehnt wegen Finnland, welches Rußland verlangte", nun sei sicher, daß statt dessen Deutschland mit Rußland paktieren würde. „Das ist der Krieg!" rief Elisabeth aufspringend aus. Sie verstanden sich rasch und ausgezeichnet. Bianca buk Waffeln und ließ die zwei ungestört diskutieren. Zum Schluß tauschten sie ihre Adressen aus. Aber was änderte das am Gang der Dinge? Elisabeth nahm Biancas Grüße an Anna von Giercke mit, die gemeinsame Freundin, die unter der Verfemung „halbjüdischen Blutes" schweigend litt und von Jahr zu Jahr ihr Lebenswerk in die Zeitströmung entgleiten sah.

Am nächsten Morgen rief Elisabeth von Sils aus bei Bianca an: „Wir fahren fort. Leb wohl. Die Verbindung wird reißen. Jetzt können wir nur noch aneinander denken."

Im ersten Kriegswinter wagte Elisabeth während der Weihnachtsferien eine weite Rundreise, die sie zunächst zu ihren rüstigen Tanten nach Mecklenburg führte, deren Haus dort ein Mittelpunkt der oppositionellen „Bekennenden Kirche" war, dann „über" Berlin nach Göttingen zu verschiedenen Verwandten und von dort wieder „über" Zürich nach Partenkirchen. Eine echte Thaddenreise, es zählten weder Entfernungen noch Strapazen, und zum Schluß genügten ihr die letzten acht Tage ihrer Ferien, um sich noch rasch für die Schule zu erholen. Sie besuchte damals einen einzigen Tag lang die Freunde in Zürich.

Von hier aus schrieb sie an Bianca ins Engadin einen eiligen und, da er nicht die Grenze passieren mußte, unzensierten Gruß. Die gleiche Möglichkeit wiederholte sich einige Monate später, ebenso eilig, ebenso kurz. Das zweite Briefchen war mit einem Zusatz versehen, der zeigte, daß sie trotz Kriegspropaganda noch die gut Unterrichtete war, die sie immer gewesen. Die Nachschrift betraf jenes Buch, das in der angelsächsischen Welt soeben großes Aufsehen erregt hatte, Rauschnings „Gespräche mit Hitler". In ihm hielt dieser, ehedem Danziger Senatspräsident, seine Erlebnisse als führender Nationalsozialist fest und begründete eben mit seiner genauen Kenntnis der Pläne und Gedanken seine Abkehr von Hitler. Als das Buch 1940 deutschsprachig in Zürich erschien – die Ausgabe, die Elisabeth kennenlernte –, mußte es auf diplomatischen Druck Berlins zurückgezogen und – in der Schweiz! – für die Schweiz verboten werden. In Deutschland kam es selbstverständlich überhaupt nicht heraus.

Der Fehler an diesen Enthüllungen war, daß sie erst mit Beginn des Krieges gedruckt worden waren. Doch hatte man vorher in England wohl nicht gewagt, Hitler durch derartige Veröffentlichungen unnütz zu reizen.

„Wir wissen", lautete Elisabeths Nachschrift, „daß das Buch Rauschnings die Wahrheit sagt." Das war eilig geschrieben. Aber es war leider auch eilig gedacht. Wer war denn „wir"? Einige Freunde hinter verschlossenen Türen – die schwiegen. Einige von Gesetzen oder Erlassen Betroffene – die schwiegen auch, weil sie es mußten. „Wir", das waren sehr wenige mit ebensowenig Macht. Aber Elisabeth, die ja in all diesen Jahren kaum zum Lesen kam und in der darum das, was sie las, um so fester haftete, registrierte die demaskierenden Äußerungen, die Rauschning aus Hitlers Umgebung wiedergab. So Hermann Göring: „Ich habe kein Gewissen, mein Gewissen heißt Adolf Hitler!" Und dieser selbst: „Wir werden dem kleinen Mann als die Bringer einer gerechten sozialen Ordnung kommen ... Aber *ich* will den Krieg. Mir wird jedes Mittel recht sein ... Den Krieg führe *ich*." Und Bauernführer Darré: „Es gilt bewußt eine Klassenordnung wiederherzustellen, eine hierarchische Ordnung ... für den ganzen Kontinent, für das ganze Universum. Die Zersetzung des alten Körpers ist mit allen Mitteln zu beschleunigen, das Bürgertum ist ebenso zu entwurzeln wie die Arbeiterschaft. Man muß den Mut zum Analphabetentum haben." Bildung und Wissen hinderten die Beherrschung der Unterjochten „durch die SS, aufgekreuzt mit nicht degenerierten Sprossen alten Adels ... als Zwingherr ..." Mit Hilfe nicht nur einer *Be*völkerungspolitik, sondern auch einer *Ent*völkerungspolitik gelte es – so Hitler –, ein für allemal für Europa die neue soziale Ordnung zu schaffen. „Wer sich zu *mir* bekennt, ist *berufen* eben durch dieses Bekenntnis ..." „Wie die künftige Sozialordnung aussehen wird, meine Herren, das werde ich Ihnen sagen: eine Herrenschicht wird es geben, und es wird die große Masse der Anonymen geben. Lächerliche Unterschiede in einem einzigen revolutionären Prozeß eingeschmolzen ... Darunter wird es aber noch die Schicht der unterworfenen Fremdstämmigen geben, nennen wir sie ruhig die moderne Sklavenschicht. Und über allem wird es den neuen Hochadel geben, die besonders verdienten und besonders verantwortlichen Führerpersönlichkeiten ... So sicher und gewiß aber das, was wir heute hier erörtert haben, niemals die Gedanken des einfachen Parteigenossen beschweren darf, so dringlich ist es, mit dem, was man Allgemeinbildung nennt, Schluß zu machen. Die Allgemeinbildung ist das zersetzendste und auflösendste Gift ... es gibt nur eine Bildung für jeden *Stand* und in ihm für jede einzelne Stufe. Die volle Freiheit der Bildung ist das Privileg der Elite ... Und darum werde ich in den neuen Junkerschulen (Anm. der Verf.: die ja auch bereits bestanden in der Form der Napolas, der Nationalpolitischen Anstalten), durch die alle künftigen Angehörigen unseres neuen Herrenstandes gehen werden, das Evangelium vom freien Menschen verkündigen lassen, des Menschen, der Herr ist über Tod und Leben ... der aber auch souverän ist gegenüber den Versuchungen des Geistes und der angeblich freien Wissenschaft."

Über die Kirche las Elisabeth: „Man ist entweder Christ", nach Hitler, „oder Deutscher, beides kann man nicht sein. Sie können Jesus zu einem edlen Menschen machen und seine Göttlichkeit und Mittlerrolle leugnen, das haben, früh und spät, immer wieder Leute getan. All das nützt nichts: sie werden den Geist nicht los, um den es geht. Wir (aber) wollen keine Menschen, die nach drüben schielen. Der Film ist abgespielt, da geht niemand mehr rein. Aber nachhelfen werden wir. Die Pfaffen sollen sich selbst ihr Grab schaufeln. Sie werden ihren lieben Gott an uns verraten. Um ihr erbärmliches Gelumpe von Stellung und Einkommen werden sie alles preisgeben. Wozu eine Einheitskonfession, eine deutsche romfreie Kirche, Deutsche Christen, Deutschkirche, romfreie Christen, alles altes Zeug. Und die Protestanten wissen überhaupt nicht, was Kirche ist. Man kann mit ihnen anstellen, was man will, sie werden sich drücken..."

Elisabeth folgerte richtig: planvolle Ausrottung alles Gewordenen, alles Gewachsenen, alles Gebildeten und alles Christlichen, alles dessen, das die Methoden durchschauen könnte. Das „war erreichbar" mit den Mitteln des Terrors: „Wir haben die Pflicht zu entvölkern. Wir müssen das gute Gewissen zur Grausamkeit wieder gewinnen. Wir sind nicht in der Lage, auf humane Gefühle Rücksicht zu nehmen." Spätestens über diesem Buch – mochte auch einiges aus seinem Inhalt umstritten in seiner Authentizität sein – wurde Elisabeth klar, daß der Nationalsozialismus nicht zu korrigieren sein würde. Nach dem Krieg würde der Krieg erst beginnen!

Über den hastig in der Nacht verschlungenen Kapiteln, die sich unauslöschlich einprägten, vollzog sich die radikale Wandlung, die sie nun vollends zu einer unbestechlichen Gegnerin des Regimes machen sollte. Auf dieses Buch sollten sich vier Jahre später ihre letzten Äußerungen vor dem Volksgerichtshof beziehen, ohne daß man sie allerdings Einzelheiten dazu ausführen ließ. Mißverstanden auch von Nahestehenden, belacht von der Zuschauermeute, stellte sie *ihr* „Adel und Kirche" als Hort einer Freiheit dem „neuen Adel" der SS-Zuhörerschaft entgegen als eigene innere Stellungnahme.

Noch ein weiteres Mal konnte Elisabeth ihren Schweizer Freunden persönliche Grüße schicken. Mit Botschafterpaß reiste das ihr befreundete Ehepaar von Campe nach Flims und Sils und brachte dorthin direkte Berichte aus Tutzing an Bianca mit. Sie telefonierten auch mit Siegmund-Schultze, erzählten von Elisabeths stürmischer Kraft und stürmischen Plänen. Gerade erwog sie ja jetzt, „das wunderbare Schloß in Tutzing für dreihundertunddreißigtausend Mark zu kaufen. Endlich eigener Besitz für die ständig wachsende Schule (statt wie bisher Pacht). Mit Abituraufbau. Das Geld zu beschaffen ist nicht leicht, aber –". Sie sah Möglichkeiten, ihren Anteil an dem mütterlichen Erbteil freizubekommen, hier zu investieren und eine Bankhypothek zu Hilfe zu nehmen. – Und sie wartete dringend auf ausführliche Nachricht von den nahen Freunden unten in Zürich und oben im Engadin. – Bianca war in jener Zeit der Schweizer Bundeswehr zugeteilt und arbeitete als Hilfskraft bei einem Stab, der im großen Palace-Hotel am Malojapaß untergebracht war. Durch eine ihrer Nichten, die mit dem Völkerbundskommissar Carl Jacob Burckhardt in Danzig die Zuspitzung *vor* dem Krieg *zum* Krieg erlebt hatte – einem Danzig übrigens, das zu sechsundneunzig Prozent deutsch und zu vier Prozent polnisch bevölkert war, dessen Status als „Freie Stadt" offensichtlich ein Unding, dessen parteipolitische Gleichschaltung aber ebenso unrecht und unklug war und gegen Burckhardts Einspruch durchgeführt wurde, kurz: durch jene Nichte war Bianca von allem Anfang des Krieges an unterrichtet gewesen. Sie hatte auch Alfred Rosenberg gut gekannt, Hitlers Chefideologen, einen Kommilitonen ihres Mannes: „mittelmäßig begabt, mittelnett, gut aussehend. Keiner von uns jungen Menschen hätte damals gedacht, daß er je etwas Aufsehenerregendes schreiben würde, wenn allerdings auch ein Buch, das man Seite für Seite widerlegen kann", – den „Mythos des zwanzigsten Jahrhunderts". Wer so wenig Erfolgsmensch wie Bianca war, ließ sich nicht so leicht von Erfolgen – den Anfangserfolgen Hitlers – blenden. Sie haßte wenig oder nichts auf der Welt, aber sie haßte den Nationalsozialismus und hatte sich aus diesem Grunde freiwillig dem Militärdienst zur Verfügung gestellt.

Sie gab den Campes einen Gruß an Elisabeth mit, einen kleinen persönlichen Brief. Natürlich, sie hätte auch über die Post schreiben können, aber ihr, die ohnehin keine Briefschreiberin war, schienen solche Grüße, die durch andere Hände gingen, entweiht. Weiter bewog sie nichts. Doch gibt es Zeiten und Staaten, da gilt kein persönlicher Gruß. Der Mensch hat sich in die staatlich befohlene Prägung zu fügen, wenn der Krieg eine Form aus ihm stanzt. Zwei Menschen fügten sich nicht, das war alles. Damit war schon die unsichtbare Falle gestellt. Vermutlich haben Campes diesen

Brief korrekterweise nicht einmal über die Grenze nach Deutschland befördert, sondern nur viele freundliche Grüße bestellt.

Jedoch: als sich Elisabeth auf einer ihrer beiden schon erwähnten Rundreisen im ersten Kriegsjahr mit Friedrich Siegmund-Schultze in Zürich getroffen, hatte auch sie einen Gruß mitgenommen: an den damaligen schwedischen Pfarrer in Berlin, Birger Forell. Der Gruß war verbunden mit der Bitte, dieser möchte mit Erzbischof Eidem von Uppsala enge Verbindung halten, zugleich aber mit wohlunterrichteten deutschen Kreisen. Erzbischof Eidem plante nämlich den Versuch, persönlich auf Hitler einzuwirken. Es war dabei wichtig für ihn, daß er über deutsche Dinge gut informiert war. An die Person des schwedischen Erzbischofs knüpften Kreise der Una Sancta große Hoffnungen für den Frieden. Später, nämlich 1943, sollte der katholische Priester Max Metzger wegen dieser – unter Mitwirkung von Elisabeth von Thadden 1940 hergestellten – Verbindung einer Gestapo-Agentin zum Opfer fallen: dem Priester, der sich bewußt als ein Mann der Una Sancta verstand, bot sich eine Schwedin, Frau Dagmar I., nach einer Zusammenkunft bei Frau Solf – von der wir noch hören werden – als Vermittlerin an. Sie gewann sein volles Vertrauen und wurde zu ihm in das Berliner Piusstift beschieden, um seine schriftlichen Vorschläge für endlich baldigen Frieden, den schwedische Kirchenmänner vermitteln sollten, und für die innere Stuktur eines Deutschland ohne Hitler mit nach Schweden zu nehmen. Da drangen die von ihr vorher alarmierten Beamten ein und nahmen beide fest – die Frau allerdings nur zum Schein. Das geschah im Juni 1943, im Oktober wurde Max Metzger – Bruder Paulus – von Freisler zum Tode verurteilt und am 17. April 1944 hingerichtet – einer der ersten aus der geistigen Nähe Elisabeths.

Die Bestellung an den schwedischen Pfarrer in Berlin 1940 war der einzige derartige Auftrag, den Elisabeth von Thadden übernahm. Sie war ja auch noch vollauf mit ihrer Schule beschäftigt und nach ihrer Entlassung selber bereits durch erste Denunziationen aufgefallen und gefährdet, so daß sie für weitergehende Vermittlungen gar nicht mehr in Frage gekommen wäre.

Diese erste Verbindung, die sie herstellte, war nicht *gegen* irgend jemand gerichtet, – auch nicht gegen Hitler –, sondern *für* etwas, nämlich die Wiederherstellung des Friedens, angeknüpft worden. – Das politische Gewicht dieses Auftrages war ohne Zweifel gering, und der Versuch, auf Hitler einzuwirken, führte zu keinerlei Ergebnis. Die geistige Bedeutung der Sache jedoch war größer:

es vereinigten sich skandinavische, deutsche, Schweizer und angelsächsische Kreise in dem Bestreben, dem Krieg ein Ende zu machen.

Zu diesen Kreisen gehörte inzwischen in England Elisabeths ehemaliger Schulleiter Kurt Hahn, jetzt Gründer und Leiter des Internates Gordonstoun. Zweimal, 1940 und 1943, sprach er in der Kathedrale von Liverpool unter dem Thema „Gegen den Haß", gewissermaßen als ein Anwalt der innerdeutschen Opposition: „Das britische Schwert ist um so schärfer, je reiner es ist... Wir warten ungeduldig darauf, daß unsere Staatsmänner von heute das siegreiche England von morgen (bereits jetzt) *binden* werden, strenge und *unterscheidende* Gerechtigkeit zu üben, von der ein gereinigtes und befreites Deutschland nichts zu fürchten hat... Wieder einmal ruft Hitler das deutsche Volk auf, seine Reihen zu schließen gegen ‚unversöhnliche Feinde‘, die nur das eine Ziel haben, Deutschland als Nation auszulöschen. Millionen klammern sich noch an Hitler als einzige Hoffnung, aber Millionen sehen auch in grimmiger Verzweiflung nach dem Osten, seit Stalin versprochen hat, ein Deutschland zu schonen, das sich vom Nazijoch befreit hat." Damals schon kursierten in der Weltöffentlichkeit neben Drohungen auch Versprechungen Stalins, wie sie 1945 in dem bekannten Wort gipfelten: „Die Hitler kommen und gehen, das deutsche Volk bleibt." Dazu weiter Kurt Hahn: „Das christliche Deutschland aber wartet und wartet vergebens, daß im *Westen* das Licht sich entzündet. Die Spannung wird wachsen, und es kann der Augenblick kommen, da sorgsam gewählte Worte eine Revolution in Deutschland entfesseln. Wir wollen uns allerdings nicht täuschen: *nichts* kann England die Notwendigkeit ersparen, auf dem Kontinent zu landen und viele kostbare Menschenleben zu opfern, um Europa zu befreien. Solange Deutschland nicht geschlagen ist, sind Revolutionen gegen Hitler zum Fehlschlag verurteilt. Aber selbst wenn sie schonungslos unterdrückt werden, können sie sehr wohl das Kriegsende beschleunigen..."

Wird das christliche England sich durchsetzen? Die Entscheidung wird in den Händen eines Mannes ruhen: es ist nicht nur Englands, sondern Europas Schicksalsfrage, ob der große Krieger Winston Churchill wieder zu dem hellsehenden Staatsmann wird, der er einmal war... (als er) im November 1918 in der Stunde des Sieges die Regierungen Frankreichs und Englands beschworen hat, sie möchten dem hungernden Feindesland sofort Lebensmittel zuführen... Ich fürchte die Macht der Rachsucht, die sich täglich aus den Untaten der Nazis und dem erstickten Schrei nach Vergeltung Nahrung holt... Ich ziehe Hoffnung und Trost aus der Jugend Englands, sie kann für das Christentum gewonnen werden... für die Aufgabe, Menschenleben zu retten..."

Ebenso wie Hahn wurde Erzbischof William Temple von Canterbury nicht müde, „vor den Versuchungen des Siegers zu warnen". Er starb 1944, zu früh für den Frieden. – Das Bemühen dieser Männer und der ihnen in England nahestehenden Kreise wirft ein Licht auf die Friedensbemühungen der deutschen Verbindungen Siegmund-Schultzes, ihre ausdrücklich von ethischen Beweggründen geleiteten Initiativen. Deshalb ist Kurt Hahns Rede mit Einverständnis des Verfassers hier in wesentlichen Teilen wiedergegeben worden.

Elisabeth hat mindestens die erste Ansprache Hahns von 1940 gegen Haßpropaganda und Deutschlands Verleumdung dem Inhalt nach gekannt. Ob sie die zweite noch kennenlernte, ist fraglich – wenn, dann nur vom Hörensagen im Hause Frau Solfs. Sie hat sie gewiß oder hätte sie doch voll bejaht.

Von je gingen viele Menschen bei Bianca Segantini ein und aus. Da war zum Beispiel schon Jahre vor dem Krieg eine Familie häufig in Sils zu Gast: Vater, Mutter, ein Sohn. Bianca kannte die drei bereits aus den zwanziger Jahren, als sie oft in Berlin gewesen war. Der Sechzehnjährige fühlte sich bedrückt im Schatten seines imponierenden Vaters, des Professors Reck..., und litt unter Forderungen, die zu erfüllen er sich nicht imstande sah. Bei der Lebensklugen fand er Verständnis für seine unausgereiften Probleme. Bewunderte er ihren grazilen Charme? Vertiefte er sich in die Gemälde und Radierungen ihres berühmten Vaters? Kam er sich interessant vor in der Gesellschaft dieser Trägerin eines bekannten Namens? Es war vielleicht wirkliche Not, mit der er nicht fertig wurde. Sein schwankendes Selbstbewußtsein suchte sich an Biancas zähem Lebenswillen aufzurichten. Bianca sah die ganze Familie als ihre Freunde an.

Später blieb die Familie aus, sie hatte wohl andere Ferienziele gefunden. Beiläufig hörte sie, der junge Mann studiere nun auch Medizin. Die ohnehin nicht häufige Korrespondenz schlief ein. Auch nicht von seiner Heirat erfuhr Bianca, noch weniger davon, daß er innerlich einen Salto mortale gemacht hatte und heimlicher Mitarbeiter des Reichsicherheitshauptamtes geworden war.

Im Sommer 1943 nach seiner Unterredung mit „Leo Lange" reiste Dr. Reck... in Begleitung seiner Frau in die Schweiz. Er suchte in Zürich eine Anzahl Personen auf, ließ einfließen, daß er ein Abgesandter der deutschen Widerstandsleute sei, machte allerdings widersprüchliche Angaben betreffs seines Verweilens in der Schweiz: einmal hatte er eine Tuberkulose auszuheilen, einmal war er mit einem Auftrag des Reichsgesundheitsführers Dr. Conti über die Grenze gekommen, um in abgelegenen räto-romanisch besiedelten Tälern zur genaueren ethnischen Bestimmung der Bewohner Blutuntersuchungen vorzunehmen.

Mit der letzten Version führte er sich bei Siegmund-Schultze ein, als er diesem seinen ersten Besuch machte. Der bot ihm an, ihn mit einem Arzt, der seit längerem ähnliche Forschungen betrieb, zusammenzubringen. Reck... wich aus. Das machte Siegmund-Schultze stutzig, er beobachtete ihn nun wachsam und äußerte seiner Familie gegenüber Zweifel an der Zuverlässigkeit des Widerstandsboten.

Eine seiner Töchter traf sich in diesen Tagen mit jungen Bekannten in einem Züricher Restaurant und fand in deren Begleitung den Deutschen, Reck... Als dieser einmal den Raum verließ, sagte sie zu den Freunden: „Vater hält ihn für einen Spitzel. Seht euch ein bißchen vor, was ihr sagt." Der Abend war schon vorgeschritten, man war fröhlicher Stimmung. Darum, als der Arzt wieder erschien, rief ihm ausgelassen einer der jungen Leute entgegen: „Hör mal, du sollst womöglich ein Spitzel sein." Reck... lachte, lachte laut auf, lachte lange und gut. In diesem Moment war seine Mission in Gefahr. Einige beobachteten ihn genau. Die Gefahr ging vorüber. Nach kurzem erstauntem Aufschauen wandten auch die anderen Gäste ihre Aufmerksamkeit von der übermütigen Runde wieder eigenen Angelegenheiten zu. In Zürich war also für Reck... vorderhand nichts Greifbares zu erlangen gewesen, wenn auch einige oberflächliche Kontakte hergestellt und Namen genannt worden waren.

Daraufhin reisten Reck... und seine Frau nach Chur und weiter von da mit dem Engadinbus nach Sankt Moritz hinauf. Von dort rief er nach einigen Tagen seine frühere mütterliche Freundin an: ob er zu ihr kommen dürfe, um ihr seine Frau vorzustellen? Bianca lud beide für den folgenden Tag zum Mittagessen ein. Die dabei geführten Gespräche blieben ihr haften. Eine Aufzeichnung darüber sandte sie einige Monate danach an Freunde, und noch zwanzig Jahre später gab sie einzelne Formulierungen fast wörtlich wieder.

An jenem Tage war sie sehr glücklich, ein altvertrautes Gesicht aus Deutschland nach fast schon vier Jahren wiederzusehen. Doch war sie nicht frei von Mißtrauen, ihrem alteingefleischten Mißtrauen gegen Nationalsozialisten, dessentwegen sie sich schon vor Jahren von einigen Berliner Bekannten getrennt hatte. So fragte sie das junge Paar gleich: „Wollen wir politische Gespräche lieber vermeiden? Lassen Sie uns von vornherein darüber Klarheit schaffen." Der Übersensiblen schien es eine Zumutung, viele Stunden lang – vom Morgen- bis zum Abendbus – mit ihren Gästen zu verbringen, ohne diesen für sie entscheidend wichtigen Punkt geklärt zu haben. „Im Gegenteil, Frau Segantini!" zeigten sich beide fast empört über die Frage, und die junge Frau fügte hinzu, daß ihr Vater wegen seiner politischen Haltung einige Tage in sogenannter Schutzhaft gewesen sei.

Wie hatten sie es dann nur möglich gemacht, in die Schweiz gelassen zu werden? fragte sich Bianca und sprach das auch aus. Er sei, sagte er, eines tuberkulösen Hüftleidens wegen hier. Als Arzt habe er durchsetzen können, daß dieses in der Schweiz behandelt werden dürfe, zumal er hier eingeladen sei und demnach mit den zehn Reichsmark Devisen, die herüberzubringen erlaubt sei, auskommen könne. Der Hauptzweck seiner Reise allerdings sei eine wissenschaftliche Entdeckung. Über diese verbreitete er sich lange: er habe Blutuntergruppen festgestellt, deren Vorhandensein das manchmal unerwartete Versagen von Bluttransfusionen erkläre. Er hoffe, in der Schweiz diese Erkenntnis ausarbeiten zu können, hier seien die nötigen Einrichtungen dafür, die nötige innere Ruhe und nicht zuletzt ein Menschenmaterial, aus dessen Blutuntersuchung er erwarte, unter anderem Spuren früher Völkerwanderungen ableiten zu können. Er wolle im Kanton Graubünden seine Untersuchungen beginnen und habe sich deshalb schon mit dem Chefarzt des Kantonspitals in Samedan in Verbindung gesetzt. Später könne er vielleicht an einem Berner Laboratorium weiterarbeiten, denn er hoffe, auf Empfehlung einiger einflußreicher hiesiger Ärzte in Zukunft überhaupt in der Schweiz bleiben zu dürfen. Das klang aus dem Munde eines strebsamen Mediziners und Ordinariussohnes trotz Krieg alles sehr akzeptabel, wenn auch für Bianca die Zusammenhänge im einzelnen augenblicklich unverständlich und im Rückblick absurd erschienen.

Frau Reck... nahm mit lebhaften Blicken die farbliche Harmonie der pastellfarbenen Einrichtung und die heitere Atmosphäre des Hauses wahr. Der Mitteilungshunger, mit dem sie nun, leidenschaftlich in das Gespräch sich mischend, den offenbaren Gegensatz zu ihrem eigenen Dasein daheim aussprach, die Intensität, mit der sie die Zustände in Deutschland daraufhin angriff, erschienen Bianca zwar allzu gespannt, aber verständlich angesichts der Tatsache, daß sich hier nur angestaut haben konnte, was man in Deutschland nicht zu sagen wagte aus Furcht, es lauschten versteckte Ohren mit. Es wurde dabei über das Denunziantenwesen oder vielmehr -unwesen gesprochen und über das Mißtrauen, das dort jede Aussprache begleitete: „In Deutschland kann ich nicht einmal mit meinem Mann so sprechen, wie wir es jetzt tun", rief die junge Frau aus. Sie wiederholte im Verlauf der Unterhaltung mehrmals, wie wohl es ihr täte, endlich einmal frei heraus sagen zu dürfen, wie ihr zumute sei. Sie tat das dann auch hemmungslos in jungmädchenhafter Überschwenglichkeit.

Paul Reck… beteiligte sich wenig an dem Gespräch der Frauen. Er ließ einen Vorwurf hören gegen seine Eltern – die alte Not –, weil sie ihn nicht gehindert hätten, Parteigenosse zu werden, als er sich seines Examens wegen zu einem solchen Schritt entschlossen habe. Bianca spürte heraus, daß er sich selbst durch eine Anklage entschuldigen wollte. „Der Beruf des Arztes", sagte sie deshalb, „wenn er richtig aufgefaßt wird, was ich bei Ihnen voraussetzen kann, basiert auf Menschenliebe. Nicht wahr, wenn diese Grundlage bei Ihnen vorhanden ist, dann ist es nicht mehr entscheidend, ob Sie eine besondere Anti-Nazi-Erziehung erhalten haben? Ein Arzt braucht sich nicht um Politik zu kümmern, um eine Politik zu verurteilen, die alle Gebote des Menschlichen verletzt."

Er wirkte unerklärlich deprimiert. Mit um so lebhafterer Bejahung nahm seine Frau die Worte auf. Er erzählte von einem gemeinsamen Bekannten, der SS-Angehöriger geworden sei. Bianca machte die Begeisterung von dessen Mutter für einen solchen Schritt verantwortlich: „Die Frauen spielen in Deutschland eine traurige Rolle." Wohin sollte Deutschland treiben, wenn die Grenzen von Gut und Böse sich verwischten? Bianca wurde ganz leidenschaftlich dabei: „Es genügt, wenn eine Frau einfach mütterlich empfindet, sie braucht nicht einmal politisch kämpferisch zu sein, um Recht und Unrecht zu unterscheiden. Das ist eine einfach menschliche Frage. Vor allem ist die Religion" – Bianca gebrauchte stets das Wort Religion anstelle des Wortes Glauben – „dabei ein Halt, eine Richtschnur. Sie weist zur Gesundung des deutschen Volkes. Da liegt auch die wichtigste Aufgabe der Frau, ihr darf sie sich nicht entziehen. Dort erwachsen die wahren Pflichten gegenüber der Gemeinschaft des Volkes, erwächst soziale Verpflichtung –". „Das ist das Schlimmste", rief Frau Reck... aus, „daß man niemand hat, mit dem man darüber sprechen kann! Ich bin darin völlig einsam!"

Da stieg Elisabeth Thaddens starke Gestalt in Biancas Erinnerung auf – hatte sie doch zahllose Gespräche in diesem Sinne über die Rolle der Frau mit ihr geführt. Sie stand plötzlich vor ihrem inneren Auge als eine mutige Kämpferin für die Ideale der Menschlichkeit, gefestigt durch einen unbeirrbaren biblischen Glauben – die Richtige, um dieser tastenden Frau Halt und Kraft zu vermitteln. „Besuchen Sie sie, und bringen Sie ihr Grüße, tausend Grüße von mir!" Aber als Paul Reck... nun nach deren Adresse fragte, geschah etwas, das Bianca zuweilen unterlief und sie doch immer mit der Fremdartigkeit des Unbegreiflichen erschreckte: sie versuchte, sich auf Elisabeths Adresse zu besinnen, von der sie doch wußte, daß sie sie nach dem Ortswechsel gar nicht wissen *konnte*. Sie hatte nur erfahren, sie sei nun in Berlin. „Sie werden die Anschrift ausfindig machen können", sagte sie schließlich hilflos.

Es war Zeit für den Bus. Sie traten unter das breite Vordach auf die glimmergrünen Schieferplatten des Gartens hinaus. Sie standen noch einige Worte lang in seiner Geborgenheit, geschützt vor dem Julierwind. Spontan küßte Frau Reck..., wie sie es bei sich zu Hause gelernt, Bianca die Hand und beteuerte ihre Dankbarkeit für diesen so reichen Tag.

In der folgenden Zeit sprach Bianca gelegentlich mit Freunden über diese junge Frau, die sie nicht vergessen konnte. Die Begeisterung, mit der sie die Ideale reiner Menschlichkeit zu ihrem Prinzip erhoben hatte, rührte Bianca und beschäftigte sie bis in die Träume. „Wenn Hitler umgebracht wird, denken Sie an mich!" – hatte das diese junge Suchende wirklich gesagt? Hatte nur jene jugendliche Überspanntheit den Eindruck erweckt, daß sie es gesagt haben *könnte*? Hatte Bianca geträumt, was sie sich wünschte, oder war die Frau eine mögliche Charlotte Corday, entschlossen und fähig, ihrem Volk und damit den Völkern zur Freiheit zu verhelfen? Bianca vermochte später weder sich noch anderen Rechenschaft abzugeben über die Worte, die sie gehört zu haben glaubte. Daß die Freundin sich jedoch der Verstiegenen annehmen würde, war ihr ein beruhigender Gedanke. Elisabeth fand in der Führung junger Menschen leicht das Rechte. Und in ihrer jetzigen Situation mochte es ihr selber hilfreich sein, hier jemandem die Richtung zu weisen und sich überdies mit Bianca durch sie verbunden zu fühlen.

Bianca erhielt tags darauf von Frau Reck... einen sofort nach deren Ankunft in Sankt Moritz verfaßten, dankerfüllten Brief. Er schien Bianca irgendwie übertrieben und deshalb unangenehm. Aber sie sagte sich, daß das Übermaß sich hinlänglich aus der geistigen Einkerkerung dieses Menschen erklären mochte, der bei ihr eine unerwartete Entspannung erfahren hatte.

Reck... selber rief an: „Sie haben uns erlaubt, Fräulein von Thadden Grüße zu bringen. Aber wegen des Mißtrauens, das jeder gegen jeden in Deutschland hegt, würde Fräulein von Thadden uns wohl gar nicht auf eine nur mündliche Empfehlung empfangen. Ich wäre Ihnen sehr dankbar, wenn Sie mir diese Empfehlung schriftlich geben würden. Allerdings müßten Sie das bitte sofort tun, da wir morgen früh schon nach Deutschland abreisen. Wir hoffen wiederzukehren." Auch bat er um eine Empfehlung an einen Schweizer Diplomaten in Berlin, dessen Name gestern gefallen sei, einen jungen Bekannten Biancas, der ihm im Notfall zu weiteren Ausreisen und zur Bekanntschaft mit aufrechten Menschen verhelfen könnte.

Bianca schrieb an Elisabeth: „Nimm dich dieses jungen Mannes an!", schrieb auch die Empfehlung an den Diplomaten und sandte beide Briefe per Expreß ab.

Das Paar reiste nach Zürich, wo es Biancas Namen und seinen Besuch bei ihr gegenüber niemandem erwähnte und wo es jedenfalls wieder über neue Devisen verfügte. Davon erfuhr Bianca in ihrer klaren Engadiner Höhenluft nicht ein Wort. Monate sollten vergehen, ehe auch für sie auf dieses eindrucksvolle Gespräch der Schatten fiel, der ihre weiteren Jahre mit unstillbarem Kummer, die Erinnerung an Elisabeth mit vielen Tränen beschweren sollte und der die impulsive Offenheit der jungen Frau für sie fortan mit einem nicht durchschaubaren Zwielicht umgab. Doch trat diese wohl weder hier in der Schweiz noch in Berlin ein zweites Mal auf ähnliche Art in Erscheinung.

Anfang September kehrte Dr. Reck ... mit seiner Frau aus der Schweiz zurück. Er hatte dort weitere Kontakte gefunden, er hatte den Ex-Reichskanzler Joseph Wirth aufgesucht, hatte einige weitere neue Namen im Kopf, unter anderen den der Frau Solf, den der Brüder Wasmuth – des Schriftstellers und des Verlegers – sowie den des Verlegers Suhrkamp.

Frau Solf führte in Berlin ein Haus, in welchem sich fast alles von Rang, Namen und früherem Einfluß traf – vornehmlich „Reaktion". Seltsamerweise glich Hitlers Ära ja in vielen Zügen der

Napoleons: Polizei, Spione und Horcher allenthalben, Uniformen, Ränge und deren lautlos erbittertes Intrigieren um Vormacht – nach außen und unten ein Bild geschlossener Einheit, das begeisterten Beifall im Volk fand, überhaupt viel Elan bei fast völliger Ahnungslosigkeit über die wahre Lage. Und mitten darin die wetteifernden Salons einiger großer Damen: der einer Kardorff, Dirksen, Klemnitz, Solf, wo man sich angenehm inoffiziell traf.

Aus dem Kreis Solf waren zu dieser Zeit schon einige Personen an die Gestapo geliefert, deshalb hatten die genannten Namen für Reck ... Wert – waren jedoch nichts gegen jenen eilig geschriebenen Brief an Fräulein von Thadden, der der Schlüssel sein konnte, um die Tür zur Mitte des Widerstandsnestes zu öffnen, das man in ihrem engsten Bekanntenkreis mit Sicherheit sah.

Daß man sich täuschte, war das Pech der Gestapo: wer bei Frau Solf aus und ein ging, machte zwar seinem Herzen unter Gleichgesinnten Luft, suchte auch in ausgedehnten Diskussionen nach Möglichkeiten, dieses Unheil zu beenden, kannte wichtige Namen, spielte mit Plänen, arbeitete gelegentlich der echten Verschwörung in die Hände, gefährdete diese aber zugleich, weil man in diesem Kreis immer Parteigänger suchte und daher viel zuviel sprach. So zum Beispiel lehnte Goerdeler, der doch nicht einmal bei all seinen Freunden als vorsichtig galt, Frau Solfs Einladungen stets ab. Ebenso mieden namhafte Politiker und Diplomaten, auch solche der Opposition, ihre Zusammenkünfte.

Als unvorsichtig galt zum Beispiel der zu dieser Zeit schon verhaftete Bernstorff, galten Kiep, Frau Solf selbst, General Oster und eine große Zahl weiterer Widerständler. Aber lebt nicht jede Opposition im Grunde von Unvorsicht? Sonst gäbe es sie nicht. Für eine echte Verschwörung, ein Attentat, eine Fahrt im Trojanischen Pferd kamen solche stets nur bedingt in Frage. Dazu gehörte mehr als ein ungebrochener Charakter und die Erkenntnis des bösen Prinzips, dazu mußte man selbst klug wie die Schlangen sein – klug schlechthin war zuwenig.

Einstweilen folgte der zurückgekehrte Reck ... keinen Erwägungen, sondern dem nächstbesten Weg, den der Brief ihm gewiesen. Später sollte er Gleichaltrigen, Gleichgesinnten gegenüber äußern, er hätte unglaubliches Glück gehabt. Natürlich prahlte er auch mit seinem scharfen Verstand. Er war ein Beispiel für seine Kollegen. So sollte jeder von ihnen sein: wachsam, verschwiegen und überdies – persönliche alte Beziehungen, Freundschaften, gegebenenfalls auch die eigene Ehe nutzen im Dienst am Staat.

Reck ... sollte sich allerdings wenig mehr als ein Jahr in diesem Glück noch sonnen können. Eineinhalb Jahre lang hat er mit den so verdienten Sporen geklirrt. Übrig blieb ein geltungsbedürftiger Denunziant – hat sich's gelohnt?

Teegäste

Nie sollten sie diese Geburtstagsfeier wieder vergessen können: den 10. September 1943.

Es war Anzas fünfzigster Geburtstag. Wegen der einschneidenden Folgen dieses Tages rekonstruieren wir seinen Ablauf, mehreren zuverlässigen Berichten folgend, genau.

Von vielerlei schwerem Schicksal getroffen, lebte die im Alter Elisabeth am nächsten stehende Schwester nun in Schönfließ bei Berlin; es ist nicht leicht, als ziel-, stellen-, arbeitslose und um Gefallene und Gestorbene trauernde Kusine glücklicheren Verwandten die Wirtschaft in Küche und Haus zu führen. Bei der bekannten Thaddenschen Aktivität konnte es nicht ausbleiben, daß sie sich auf dem Platz zwar unentbehrlich, aber unbefriedigt wußte. Elisabeth wollte ihr gern einen festlich herausgehobenen Tag bieten, sie teilnehmen lassen an ihren immer noch weitreichenden Verbindungen und ihr die Atmosphäre vermitteln, in der sie selber lebte und die Anza entbehrte.

Die Schönfließer Küche lieferte Kuchen und Sahne, der Garten Blumen übergenug: denn Berlin war ja grau von Trümmern und Kummer. Mit Anne Rühle fuhr das Geburtstagskind, Torten auf dem Schoß, im Auto nach Hohenneuendorf und mit der S-Bahn zur Carmerstraße. Dort schleppten sie vergnügt alles hinauf in Anna von Gierckes ehemaliges Wohnzimmer, das seit ihrem Tod von Isa Gruner bewohnt wurde. Diese hatte es, selber abwesend, für das Fest Elisabeth zur Verfügung gestellt. Sie filterten Kaffee, füllten Teebeutel, ordneten Vasen und schwatzten drauflos. Interessante Leute wurden erwartet, sicher hörte man einiges Neue, es lag ja soviel in der Luft, zum Beispiel Italien, das mit Badoglio –.

Anne Rühle, eine Jugendfreundin von Anza, war immer noch eine äußerst charmante Person. Bildhübsch, hatte die junge, nach kurzer Ehe wieder alleinstehende Frau sich nach dem Weltkrieg vorübergehend als gesuchtes Fotomodell ihren Unterhalt verdient, dann aber bald in Alice Salomons Sozialer Frauenschule den Mangel einer fundierten Ausbildung nachgeholt, eine der Lieblingsschülerinnen der Leiterin. Seitdem war sie Fürsorgerin in Berlin-Friedrichshain. Sie wohnte augenblicklich wegen der bombengestörten Nächte draußen bei ihren Freundinnen in Schönfließ, von wo sie täglich nach Berlin zu ihrer Arbeit fuhr. Sie war immer noch die Amüsante, Gepflegte, Elegante, als die Anza sie vor fünfunddreißig Jahren kennengelernt hatte. – Sie kannte Elisabeth fast ebenso lange wie Anza. Oft trafen sie sich bei Dritten, gemeinsamen Bekannten. Elisabeth steckte immer voller Pläne und entwickelte diese in nächtlichen Gesprächen vor Anne.

Der Krieg schien beiden verloren. „Sehr wichtig, daß schnell ein Hilfswerk dasteht mit zuverlässigen Leuten – solchen, die nicht mit Hilfe ihres Parteibuches ins Amt gelangt sind, sondern die Sache verstehn und objektiv sind. Und die sich nicht selbst bereichern." Und Elisabeth fügte hinzu, daß sie Menschen zu kennen glaube, die interessiert seien an einer Vorsorge für das „Vierte" Reich, wenn das Dritte zerfiel. „Besorg uns eine Liste von geeigneten Sozialbeamtinnen und Fürsorgerinnen, schreib einige auf, ich würde sie dann nach und nach informieren." Der Zusammenbruch stand sichtbar vor der Tür. Das Denken über die Katastrophe hinaus lag in Elisabeths Natur. Der Krieg würde verloren sein. Aber es würde nicht jedermann tot sein. Auch am Tage nach dem Untergang brauchte das untergegangene Deutschland gebackenes Brot und Verbände auf seine Wunden. – Eine Liste jedoch gab Anne nicht heraus. Namen – in dieser Zeit, schriftlich in anderen Händen – brachten für alle Gefahr. Sie hatten die halbe Nacht diskutiert und um die Liste gerungen. Das war noch nicht lange her.

Heute erschien zuerst der neue Schützling Elisabeths, ein junger Arzt von der Charité, höflich und gewandt. Es erschien Staatssekretär Zarden mit seiner Tochter. Seine halbjüdische Frau und seine das Regime ablehnende Gesinnung hatten ihm einen frühen Ruhestand eingetragen. Leider sah er für die Zukunft sehr schwarz. Das hatte Elisabeth schon vorher erwähnt. Dann kam Legationsrat van Scherpenberg, junger Strohwitwer, während seine Frau in Bayern die schon erwähnte Pension in Betrieb hielt und ihre Kinder versorgte. Er kam gerade von einer Dienstreise aus Kopenhagen, die er in seiner Eigenschaft als Leiter des Skandinavienreferats in der handelspolitischen Abteilung des Auswärtigen Amtes gemacht hatte. Fräulein von Kurowsky traf ein – anscheinend die Älteste hier im Kreis – und der Gesandte Kiep, auch er ohne Gattin, denn wer konnte, schickte Frau und Kinder fort aus der Bombengefahr. Beide kannte Elisabeth durch Frau Solf. Diese wurde auch noch erwartet, hatte sich aber verspätet.

Elisabeth erzählte indessen, daß sie gestern eine unerwartete Freude gehabt hätte, indem ihr Dr. Reck ... – dieser verbeugte sich verbindlich – einen direkten Gruß ihrer alten Freundin Segantini überbracht hatte. Und was hatte Frau Segantini geschrieben? Nichts Besonderes eigentlich, eben nur einen eiligen Gruß. Herr Reck ... sagte, es ginge ihr gut –.

„Jemand fehlt doch noch", sagte er halblaut zu der neben ihm sitzenden Anne Rühle, „kommt denn Frau Solf vielleicht nicht?" Nun, so offiziell wäre es heute ja nicht, Frau Solf kenne Fräulein von Thadden sehr gut, da nehme man es nicht so genau mit der Zeit. Außerdem war sie unterwegs vielleicht aufgehalten worden. Er sagte, es liege ihm sehr daran, sie kennenzulernen, er habe schon mehrfach von ihr gehört. Überhaupt freue er sich sehr, in diesen Kreis gekommen zu sein. „Die Segantini", sagte er, „ist ein besonderer Mensch. Haben Sie auch Verwandte oder Bekannte irgendwo in der Schweiz?"

Ja, Frau Rühle hatte ihren Vetter in Zürich, mit ihm hatte sie in der Kindheit in Erxleben gespielt, in des Onkels schönem Superintendenturgarten.

„Doch nicht etwa Siegmund-Schultze? Den kenne ich auch."

„Sicher. Er ist mein richtiger Vetter."

„Ein hervorragender Mann! Und stehen Sie noch in Verbindung mit ihm?"

„Gelegentlich. Selbstverständlich. Wir mögen uns sehr."

Elisabeth wiederholte noch einmal, was sie ihm bereits gestern gesagt hatte, auch sie wäre mit Siegmund-Schultze schon seit Jahrzehnten befreundet, fast so lange wie Frau Rühle mit Anza.

Frau Solf erschien endlich, entschuldigte sich sehr lebhaft, war liebenswürdig zu jedem, nahm Platz zwischen Kiep und Zarden, nahm von Reck ... und seiner Schweizer Reise interessiert Notiz und warf bald das Stichwort Italien in die Debatte.

Vorgestern hatte Badoglio kapituliert, nach mehr als einem Monat des Lavierens und Wartens. Nun hatte sich unter ihm die faschistische Regierung sang- und klanglos aufgelöst. Sogleich stand die Frage im Raum: Ginge das auch in Deutschland? Wäre ein Regierungswechsel hier möglich –*so* möglich? Eines war sicher, und alle waren sich darin einig: daß für Deutschland die Fortführung des Krieges ebenfalls aussichtslos sei, allerdings unter Hitler keine Hoffnung auf Frieden bestand. Die Gestapo habe in den besetzen Gebieten nur Haß gesät. „In Dänemark hält sie sich wenigstens etwas zurück", warf van Scherpenberg in seinem freundlichen bayerischen Tonfall ein, „dort sind sie vorsichtiger." Aber wie lange noch? Das Denunziantenunwesen war ein furchtbarer Krebsschaden. Das verdarb Menschen völlig.

Legationsrat van Scherpenberg mußte sich schon verabschieden, er hatte noch an seinem Wirtschaftsbericht zu arbeiten. Reck... erhob sich mit ihm: „Bald fahre ich wieder in die Schweiz. Falls Sie Bekannte dort haben –?"

Nach einem prüfenden Blick antwortete Scherpenberg: „Bekannte schon, aber wozu über Sie? Ich kann ja die Post benutzen, da geht doch alles legal." – „Die Post wird kontrolliert!" – „Und wenn?" brach Scherpenberg ab und empfahl sich.

Die Zurückgebliebenen waren schnell wieder beim eigentlichen Thema: Hitler machte bestimmt keinen Frieden. Alles würde zugrunde gehen. Es gab eines Tages nur einen Staatsstreich oder eine Revolution, keine andere Aussicht. Kiep – er hatte schon vorher lebhaft die Situation zusammenfassend geschildert – packte aus über die Möglichkeiten eines solchen Streiches, und atemlos lauschte die Runde. Atemlos Anne Rühle, die lastend ein Verhängnis empfand. Atemlos Fräulein Zarden, die warnende Blicke mit ihrem immer schweigsamer werdenden, aber bedrückt bestätigenden Vater tauschte. Eifrig nickte Fanny Kurowsky Zustimmung. Von funkelndem Haß erfüllt sprühte Frau Solf. Von der Wichtigkeit der Eröffnungen durchdrungen, saß in verhaltener Erregung Anza, mit fast selbstverständlicher Ruhe und Zuversicht Elisabeth, begierig jedes Wort verschlingend der Arzt.

Zuerst mußte man SS und Gestapo mattsetzen, ein Schattenkabinett stand sicherlich schon bereit, die Regierung zu übernehmen. Ja, aber Hitler? Was überhaupt mit Hitler? „Wenn wir den haben, stellen wir ihn an die Wand" – so Frau Solf –, sonst gelänge das Ganze nicht. Der leere Platz Hitlers müßte sofort besetzt werden.

Eifrig schlug Fanny Kurowsky vor: „Aber wir haben doch Goerdeler!"* Darauf ging man nicht ein. Aber es käme darauf an, daß die Regierung gleich im Ausland Vertrauen und Verständnis vorfände.

Und Hilfe. Diese lag Elisabeth am meisten am Herzen. Denn im

---

* Gesprächsprotokolle damaliger Gäste.

Innern würde ein großes Elend alles Handeln erschweren. Mit dem Zusammenbruch allein fertig zu werden würde nicht möglich sein. Nach dem letzten Krieg hatte es ja auch viel karitative Hilfe von außen gegeben, etwa die der Quäker. Siegmund-Schultze hatte darin schon einmal gearbeitet. Seine Verbindungen waren seitdem durch die Ökumene noch weitverzweigter, noch fester geworden. Reck... bot sich von neuem an, ihm Nachricht und die Bitte um rechtzeitige, wirksame Hilfe zu bringen. „Sie sind doch mit ihm verwandt?" bog sich Reck... zu Anne Rühle, „wollen Sie nicht –?" Das fragte er wiederholt. Jedem im Kreis bot er Kurierdienste an.

Frau Rühle und Fräulein Zarden füllten zuweilen die Kannen in Isa Gruners Küche nach. Es tat ihnen wohl, sich draußen die erhitzten Köpfe zu kühlen. Frau Rühle sagte dabei: „Ich gebe lieber nichts mit, man weiß ja nie, was passiert." Fräulein Zarden stimmte ihr zu. Auch mit Anza tauschte Frau Rühle schnell einen entsprechenden Tip.

Elisabeth strahlte über den gelingenden, gelungenen Tag. Mit einer Frage, einem Einwurf, einer Anregung führte sie nach ihrer Art die Unterhaltung schrittweise weiter und an das Interessengebiet eines jeden heran, damit sich keiner ausgeschlossen fühlte. Sie freute sich über die Bereitschaft Reck...s – endlich einer aus dieser Generation, der sich hervorwagte!

„Verstehen Sie", sagte er, „nachdem ich ‚draußen' war, sehe ich die deutschen Dinge auch mehr von außen. Was wird aus Deutschland, wenn alles so weitergeht? Ich mache mir Gedanken und Sorgen." Er wolle so gern handeln im Sinne der Zukunft. Das entsprach Elisabeth ganz. „Hat man das Rechte erkannt, muß man es auch tun."

Während Anza, Anne und Frau Solf abräumten, schrieb Elisabeth einen Gruß an Siegmund-Schultze, – nichts von Bedeutung im Inhalt, aber bedeutend als ein Anfang, zu einer Brücke für den Ernstfall im Chaos.

Die anderen waren zum Teil schon gegangen, Kiep, Fanny Kurowsky und Zardens. Sie hatten sich herzlich bedankt. Was für eine befreiende Wohltat dieser Nachmittag! So „unter sich" war man heutzutage sonst nie! Terror und Spitzelsystem, Parteibuch und Krieg – bald war das wohl nur noch ein Spuk!

Sie selbst, Elisabeth, sah vor sich einen praktischen, großen Plan, eine neue Lebensaufgabe: Erneuerung und Gesundung vorbereiten zu helfen. Sie gab Dr. Reck... ihren Brief. Frau Solf trug dem Arzt mündliche Grüße an Joseph Wirth auf, diesem seien die Erwägungen und Ziele ihres Kreises schon länger bekannt. Er brauche nur ihren Namen zu nennen. Aber auf Reck... s besondere Bitte schrieb sie ihm doch noch einen Gruß auf Papier.

Reck... bemühte sich, angemessen Abschied zu nehmen und noch durchaus gemessen die Treppe hinunterzukommen. Er zog mit viel reicherer Ausbeute heim, als er hatte erwarten können. Er hatte wirklich großes Glück gehabt.

Frau Solf, Elisabeth von Thadden, Anza und Anne saßen noch lange angeregt und vergnügt bei einer Platte mit Butterbroten.

„Ich hätte ihm keinen Brief mitgegeben", gab Anne zu bedenken.

„Hältst du ihn nicht für echt?"

„Sicher für echt. Aber man weiß doch nie. Es ist nun einmal verboten, und wenn der Brief durch irgendein Unglück in falsche Hände gerät, hast du Schererei –".

„Aber es war ein guter Tag! Der Beginn für ein besseres neues Lebensjahr!"

Dessen waren sie sicher, vor allem Frau Solf. Denn mindestens ahnte sie – wenn sie nicht *wußte* –, daß die Erhebung unmittelbar bevorstand. Es waren Wochen besonderer Aktivität General Tresckows und Stieffs mit dem Ziel der Ausschaltung Hitlers. Ein eventueller Sonderfrieden mit Rußland stand zur Erwägung – Schulenburg sollte in Tresckows Abschnitt vor dem Winter durch die deutsche Front und die russische nach Moskau geschleust werden, wo er früher Botschafter gewesen war. Der Umsturz war tatsächlich in allen Einzelheiten geplant und vorbereitet: eine Befreiung aus eigener deutscher Kraft und daher ganz anderer Art, als sie später zwangsläufig durch die einmarschierenden Alliierten geschah. Jeder Mitwisser an den Plänen war glühend überzeugt, daß Hitlers Tage trotz des Sperrgürtels um sein jeweiliges Quartier – Wolfsschanze, Berghof, Reichskanzlerbunker – gezählt waren. Alles sprach für ein Gelingen der Pläne. Die Opposition befand sich in einem entscheidenden Stadium, war unterwegs auf schmaler werdendem Grat.

Trotz des freundlichen Ausklangs fand Elisabeth keine Ruhe: auch die kleine Zarden hatte beim Abschied im Flur so betont deutlich zu ihr gesagt: „Ich gebe keine Post mit." Oder sagte sie: „Ich gäbe keine Post mit" – eine verborgene Rüge der früheren Schülerin an ihre ehemalige Internatsleiterin? Nun hatte sie, Elisabeth, doch einen Brief aus der Hand gegeben. Gedankenlos oder unbedacht – wie man es verstand, galt ja gleich. Was aber, wenn der Arzt unterwegs verunglückte, erkrankte oder wider Erwarten doch einmal untersucht werden sollte?

Am nächsten Vormittag suchte sie Reck... darum auf. Er war nicht zu Hause. Aber sein Vater kam an die Wohnungstür. Er bat sie nicht herein. Er war überhaupt sehr kurz, geradezu barsch. Ja, daß sein Sohn gestern bei ihrem Geburtstagstee gewesen war, wußte er. Sie sah, daß der Professor sie im Treppenhaus abfertigen würde. „Ich habe ihm einen Brief mitgegeben", sagte sie darum hier, „den hätte ich lieber zurück." „Den Brief hat mein Sohn schon verbrannt."

Also war es ihm selbst nicht geheuer gewesen. Eine kurze Auskunft, aber beruhigend. „Das ist ganz in meinem Sinne", sagte Elisabeth. Und er: „Ich darf mich entschuldigen. Guten Tag." Als sie die Treppe hinunterging, blieb nur die Feststellung: ein ungewöhnlich kurz angebundener Mensch, das Gegenteil seines charmanten, redegewandten Sohnes, vielleicht Sonderling oder eingebildet. Elisabeth war eine solche Behandlung wirklich nicht gewohnt. Aber die Hauptsache war: der Brief war verbrannt.

Einige Tage darauf lag ein Antrag der Gestapo auf dem Schreibtisch von Oberregierungsrat Plass im „Forschungsamt" des Reichsmarschalls Göring, das für Telefonüberwachung zuständig war. Das Reichssicherheitshauptamt, Abteilung Bürgerliche Opposition, forderte Telefonüberwachung für folgende Personen: Elisabeth von Thadden, Gesandter Otto Kiep, Hanna Solf, Staatssekretär Zarden, Anna Rühle, Fanny von Kurowsky, Marie Agnes Braune, Hilger van Scherpenberg, Isa Gruner, Oberbürgermeister a. D. Goerdeler, mehrere Fräulein Siegmund-Schultze, Generaloberst Beck. Begründet wurde der Antrag unter anderem damit, daß aus dem Freundeskreis der Frau Solf schon im Vorjahr im Juli und neuerdings wieder einige Personen wegen politischer Verbindungen in die Schweiz hatten verhaftet werden müssen, so Graf Albrecht Bernstorff und der Priester Max Metzger, alias Bruder Paulus. Eine weitere Begründung war, daß im Gespräch mit Joseph Wirth in der Schweiz diese Namen gefallen seien.

Der Apparat lief an. Aber Plass, der Widerstandskreisen nahestand, benachrichtigte Hauptmann Gehre bei der Abwehrabteilung III unter General Oster: vielleicht gelang es, Sand in das Getriebe zu werfen, nämlich die betroffenen Personen zu warnen vor weiterer Unvorsicht. Gehre gab die Warnung weiter an Moltke, der im Haus Solf verkehrte. Graf Moltke, Kriegsverwaltungsrat, damals im OKW als Sachverständiger für Kriegs- und Völkerrecht tätig, wurde schon beschattet. Trotzdem warnte er seinen Bekannten Kiep sofort. Er sollte deswegen, als erster von allen, noch vor der Teegesellschaft verhaftet werden. Kiep gab die Warnung an die Teerunde weiter. Ein Spitzel. Alles verraten. Vorsicht mit Reck ... Jedem Beteiligten stockte der Atem. Jeder prüfte sich: Was war gesprochen worden? Was hatte man selber gesagt? Was nur mitangehört?

Frau Solf ward Elisabeth wegen ihres Leichtsinnes gram. Sie hatte ja „unseren jungen Freund" in den Kreis eingeführt. Frau Solf hatte viele solcher Tees gegeben, es war allemal feuergefährlich zugegangen in ihrem Salon.

Elisabeth hatte nur selten Gäste in dieser Zeit. Einmal im Jahr gab sie einen „Wieblinger Tee" für ehemalige Schülerinnen. Dann saß sie glücklich, ganz teilnehmend, oft nachdenklich, immer anregend im Kreise „ihrer Kinder". Außerdem sah sie gelegentlich Verwandte bei sich. Aber sie war durch ihre Tätigkeit in Babelsberg und durch ihre winzige Kellerwohnung gehindert, wie andere Damen ein Haus zu führen und – gleichsam beruflich – Menschen zusammenzubringen. Nur selten waren in ihrem Ein-Personen-Haushalt auch die Mittel vorhanden, viele zu verpflegen, man lebte ja schließlich auf Karten. „Politische Tees" wären nie der Zweck ihres Daseins geworden. Sie war nur ein Mensch mit Interessen, unter anderen auch politischen. Sie wünschte am 10. September lediglich, Frau Solfs Einladungen angemessen zu erwidern.

Das war alles. Ein einziges Mal gratscharf oder mehr. Ein einziges Mal förmlicher Hochverrat. Das war genau ein einziges Mal zuviel.

Scherpenberg sagte später zu seiner Frau: „Es waren drei Leute dabei, die ich nicht kannte – Grund für mich, äußerst zurückhaltend zu sein."

Kiep, wie je ohne Illusionen, sprach es am deutlichsten aus: „Die geführten Gespräche waren absolut tödlich."

Anza wurde im Winter schwer krank.

Anne Rühle ging ihrer Tätigkeit nach und sah sich weiterhin vor.

Elisabeth reiste für den Rest ihres rasch verlängerten Urlaubs nach Elmau, um zunächst einmal Abstand zu finden und um Scherpenbergs Frau, da er dienstlich nicht abkommen konnte, alles zu sagen. Sie rief sie in Hubertushof von Weilheim aus an: Sie komme nicht gern hinauf, sie wünsche einen unverfänglichen Treffpunkt.

Dann saßen die beiden, die schon die Tutzinger Affären miteinander geteilt, auf dem Bahnhof in Weilheim. Elisabeth konnte sich zum erstenmal in diesen Fragen ohne Beobachter aussprechen. Die kluge Frau – von imponierender Körpergröße und unerschrockenem Geist – hörte still zu. „Ich kann keine Nacht mehr schlafen. Was mir geschieht, ist unwichtig, das beschäftigt mich nicht. Aber daß Ihr Mann und Kiep – Väter von Kindern – da mit hineingekommen sind, das macht, daß ich keine Ruhe mehr habe. – Was soll ich jetzt tun? – Ich weiß es nicht. Ich konnte mich mit Kiep und Scherpenberg ja nicht einmal mehr verständigen, alles wird abgehört, alles gesehen. Fahren Sie – wenn Sie können – fahren Sie nach Berlin, und holen Sie für alle Rat."

Die junge Frau erfuhr in Berlin von ihrem Mann, er habe, nachdem er vernommen, daß Reck ... Spion war, seinen Vorgesetzten im Auswärtigen Amt gemeldet, daß Dr. Reck ... zu illegaler Postbeförderung in die Schweiz aufgefordert habe. Das schien eine Möglichkeit, einiges und einige zu retten – nämlich zunächst einmal alle, die keine Nachricht geschrieben hatten: loyale Staatsbürger, die ihre Pflicht kannten.

Für Frau Solf, Kiep und Elisabeth war die Situation schwieriger. Scherpenberg schickte seine Frau zum Gesandten Kiep mit der Frage: „Elisabeth von Thadden möchte gern wissen, wie sie sich verhalten soll, zumal Reck ... mit ihr in Kontakt bleiben wolle."

Kiep rechnete schon nicht mehr mit Rettung. Er riet aber, Elisabeth solle sich so ruhig wie möglich verhalten, alle Bekannten zu sehen vermeiden, vor allem auch Reck ... nicht mehr empfangen. „Ich", sagte er, „habe ihn ein zweites Mal abblitzen lassen."

Dr. Reck ... war gleich nach dem gelungenen Streich – nach seiner Anzeige – wieder in die Schweiz gereist. Es gelang ihm dort wirklich, mit Dr. Wirth, Minister Kindt-Kiefer und einer Reihe mit diesen in Verbindung stehender deutscher Emigranten Kontakt aufzunehmen, denselben Kreisen, mit denen Bernstorff im Sommer bereits die Bildung einer Exilregierung, die vertragsfähig sein mußte, erwogen hatte – Anlaß zu seiner inzwischen vollzogenen Verhaftung.

Der Bericht über den gewissen Teenachmittag interessierte Wirth zwar sehr, aber es lag ihm daran, mit wirklich einflußreichen Deutschen in Verbindung zu kommen. Er fragte deshalb den Arzt, ob dieser bereit sei, ihm die Verbindung zu Generaloberst Halder herzustellen und zu erkunden, ob und unter welchen Umständen dieser bereit sei, an der Bildung einer neuen deutschen Regierung teilzunehmen. Reck ... bekam außerdem freundliche Grüße an

Fräulein von Thadden, Frau Solf und Dr. Kiep mit auf den Weg. So schilderte später der SS-Führer Huppenkothen die Reise des Arztes.

Indessen hatte Professor Siegmund-Schultze sich mit dem Besitzer der Pension T. in Zürich in Verbindung gesetzt, bei dem Reck... abgestiegen war. Reck... s widersprechende Erklärungen, sein Verhalten, seine reichlichen Geldquellen hatten den Verdacht verdichtet, daß er Agent war. Siegmund-Schultze zeigte ihn bei der schweizerischen Polizei an.

Als Reck... bei ihm selber wieder erschien, sagte er ihm auf den Kopf zu, daß er ein Spitzel sei: „Ich finde es gemein, daß Sie sich dafür hergeben, hören Sie damit auf, Sie verpfuschen Ihr Leben."

Darauf mischte sich Gisevius (nach genauer brieflicher Mitteilung Siegmund-Schultzes) ein und bat Siegmund-Schultze, Reck... weiter zu empfangen und hinzuhalten. Gisevius war Abwehrbeauftragter deutscher Dienste in Zürich und zugleich Verbindungsmann der Opposition. Siegmund-Schultze bat daraufhin eine Freundin der Thaddenschen Familie, Adrienne von Bülow-Putlitz, ihren Urlaub in der Schweiz abzubrechen und schleunigst den Teekreis – er fügte noch Dr. Kuenzer hinzu – zu warnen. Daß es zu spät war, wußte er nicht, auch noch immer nichts von Frau Segantinis schon vorher mißbrauchtem Brief.

Nach seiner Rückkehr fand nun Reck... den Weg zu allen Beteiligten versperrt. Anza traf er am Potsdamer Platz und sprach sie an als ein guter alter Bekannter. Sie ließ ihn stehen. Kiep war verhindert. Frau Solf ließ bedauern. Zarden war leider fort.

Elisabeth von Thadden verbrachte ihren Urlaub in Elmau. Bei ihr sagte Reck... sich an. Dabei rechnete er auf das unbeirrbare Vertrauen, das sie jungen Menschen und ihrer Entwicklungsfähigkeit entgegenzubringen pflegte – auch ihm, auch jetzt noch.

Elisabeth klopfte das Herz bis zum Hals, als sie Frau van Scherpenberg anrief: „Was soll ich tun? Kommen Sie bitte dazu!" Die überlegene und besonnene Klugheit der Jüngeren schien ihr einige Gewähr, daß es gut abgehen könnte.

Man konnte nicht offen telefonieren. Frau van Scherpenberg setzte sich auf die Bahn und fuhr nach Elmau: „Werden Sie krank. Vermeiden Sie, ihn zu sehen. – Wenn es nicht anders geht, dann empfangen Sie ihn nur unter Zeugen, jedoch nicht mit mir."

Ein glühender, prangender Herbst, ein brennendes Laub in den Wäldern, steil in einen offenen Himmel stieg das weiße Gebirge – „meine Augen sehen auf zu den Bergen, von welchen mir Hilfe kommt" – Vorsicht mit Reck ... – Was soll ich tun? Selbstgespräche. Sie lag viel auf dem Balkon, las viel in der Bibel. Und jede Tageszeit tranken die Augen dieses Aufflammen, Aufblühen in Farben, bald fiel ja Schnee.

Zuerst kam Zarden. Sorgenvolles Gesicht, wenig Worte, kein Rat.

Es kamen Freunde. Nora Winkler von Kapp bot an, Elisabeth über die Grenze in die Schweiz zu helfen. Aber: „Es geht nicht um mich", hatte sie schon in Weilheim gesagt, und dabei blieb sie.

Es kam ein Brief der Freundin Adrienne von Bülow, daß sie einen Aufenthalt in der Schweiz vorzeitig abgebrochen habe, um Elisabeth die Warnung vor Reck ... zu überbringen. Es war zu spät, und einen Rat wußte sie nicht.

Vielleicht war er gar kein Spitzel? Alles ein Irrtum? Eine Warnung ist keine Gewißheit. Immer wieder kam Elisabeth auf die Frage zurück, ob sie sich so tief in einem Menschen getäuscht haben könnte – sie selbst, Bianca Segantini und alle beim Tee. Sie sprach das gelegentlich aus. Sie hätte gern Gewißheit gehabt.

Wann kam Reck ...? Es gab kein Entrinnen. Sie war nun auch selber zu dem Schluß gekommen, daß es besser sei, ihn zu empfangen, ihn hinzuhalten, mit ihm zu sprechen, ihn vielleicht zu verwandeln – immer aber: Gewißheit zu finden, was er für einer war. Besser das, als ihn vor den Kopf und damit alle ins Verderben zu stoßen.

In dieser Zeit wurde ihr eine jahrelange Bekanntschaft zur Freundin: Elisabeth Wirth opferte ihr ihre freien Stunden nach dem Arbeitstag, ging weite Wege mit ihr spazieren. In Elisabeth Wirths Zimmer deckten sie für Reck .. s Besuch den Tisch. Wieder ein Tee –.

Gut aussehend, gebildet, klug, frisch aus der Schweiz kam er zur Tür herein. Nichts war. Er war ein Mensch wie die anderen. Er tat sich Zucker in den Tee und nahm auch Gebäck und war höflich und sehr gewandt, „ein charmanter Kerl". Er grüßte von seiner Frau, da waren doch auch noch alte Beziehungen, zum Beispiel zu einer Schülerin, und aus Pommern, nicht wahr? Aber die allerherzlichsten Grüße brachte er aus der Schweiz. Und er hatte die Pläne weitergetrieben seit dem 10. September, wie man besprochen. Er wäre bei Dr. Wirth gewesen, habe Minister Kindt-Kiefer gesehen, beide hatten eine direkte Verbindung über Herrn Dulles zu Roosevelt. Roosevelt hätte diesem versprochen, die Deutschen vor dem Verhungern zu schützen.

„Wir können zufrieden sein." Der erste Anlauf war schon gelungen. Nun wäre es wichtig weiterzugehn. Er fragte nach Halder. Man möchte ihm die Bekanntschaft mit dem Generaloberst vermitteln. Nach ihm fragte er wiederholt, ohne Erfolg. Elmau war jetzt im Krieg vornehmlich Offizierserholungsheim, sie würden doch Halder leicht feststellen können?

Die beiden Frauen hielten sich zurück, waren vorsichtig, klug. Warum zum Beispiel sollte der Krieg gleich verloren sein? Wir haben doch neue Waffen?

Schließlich – die Damen – wollte man sich nicht lächerlich machen. Die Front war doch durchaus intakt? Ob er etwas anderes wüßte? Ja? Aber das glaubten sie nicht, das wäre bestimmt übertrieben. Wenn alle Kräfte zum Sieg –. Vorsichtig, klug. Nicht zuviel loben, doch auch nicht zuwenig. Sie redeten um ihr Leben, um das der anderen.

„Also der Krieg ist verloren", das wußte er sicher. „Was meinen Sie, werden wir brauchen? Was schätzen Sie, gnädiges Fräulein? Wieviel Waggons? Mehl – Zucker? Dosen Fleisch oder Fett?"

„Ich habe mit vielen Offizieren gesprochen", sagte Elisabeth, „ich denke nicht daran, eine solche Sache vorzubereiten, der Krieg ist gar nicht verloren" – nun wußte sie, was er für einer war!

„Ich könnte Sie bei der Gestapo anzeigen", scherzte Elisabeth Wirth. Er ging darauf ein, lachte: „Oh, das macht vielleicht nichts, ich habe Freunde auch bei der SS!" Wie wahr!

„Wenn man das Positive im Auge behält", sagten die Frauen, „was wollen Sie: die neue Front hinter dem Dnjepr steht. Im Atlantik kommen unsere U-Boote wieder zum Zuge –."

„Glauben Sie das?" fragte er.

„ –und in Indonesien ist doch auch etwas Neues im Schwange."

Sie hatten keine Zeit mehr. Er wollte gern im Schloß übernachten. Das wäre leider nicht möglich, alles sei ja belegt (Elisabeth Wirth war für die Zimmerbelegung verantwortlich).

„Aber wir bringen Sie gern ein Stück." Hier sollte er nicht mehr herumschleichen können!

Sie brachten ihn an den Wald. Er ging fort, den kalkig-schlüpfrigen Fahrweg entlang. Es dämmerte schon. Es sprach nur mehr der Wald, das zum letztenmal flammende Laub im Nachtwind.

Sie standen schweigend und lange. „Ist er nun ein Spitzel?" fragte Elisabeth von Thadden. „Fraglos!" flüsterte die Begleiterin. Die Frauen wandten sich wortlos dem Heimweg zu. Über dem Tal stand im Wesenlosen ein kalter Mond, einer teilnahmslos strengen, kalten Gottheit gleich.

Was tut man in solchem Fall?

Man ergibt sich, oder man kämpft.

Elisabeth nutzte die letzten Tage in Elmau, um Kräfte zu schöpfen, um innerlich still zu werden und Rat zu finden. Täglich erwartete sie ein Auto, mit dem die Geheime Staatspolizei sie abholen würde.

Aber nichts kam. Einige alte Freunde ließen sie das Verhängnis erfahren. Sie erlebte, daß sich einer, den sie in Garmisch traf, grußlos von ihr wandte, daß ein anderer nicht mehr zu sprechen war. Sie fing an, wie hinter geschlossenem Glas zu leben, gegen ihre Natur.

Inge van Scherpenberg kam noch einmal herauf. Sie machten zusammen Pläne, wie man sich freikämpfen könnte. Aber sie wußten im Innern, daß das Schicksal seine eigenen Pläne macht. Sie waren, alle drei, einander nahe und innerlich still. Inge van Scherpenberg legte ihr intimes Freundesbuch vor Elisabeth hin: „Schreiben Sie mir etwas hinein!"

Elisabeth zögerte: „Jetzt? Das bringt Ihnen Gefahr."

Dann schrieb sie auf ihr Drängen doch:

> „Meine Zeit ist nur ein Durchgang durch Gottes ewiges Heute. (Ein alter Kirchenvater)
>
> So leben und fallen wir alle
> Hat keiner gesicherten Stand.
> Und bin ich mir selber verloren
> Ich weiß mich ins Wunder geboren
> Und falle wo immer ich falle
> In Gottes gebreitete Hand!
>
> *(Paul Graf Hohnstein, gef.)*
> Elisabeth von Thadden, Elmau, 24. X. 1943"

Sie schrieb in ihrer klaren, großzügigen Schrift, sie vergaß wie immer die Kommas in ihrem gewohnten Vorwärtsstürmen.

Als sie aus Elmau abfuhr, stand ihr Plan fest: Möbel vor den Bomben evakuieren, soweit das gelang. Wintersachen ordnen. Sich für die Stellung in Frankreich rüsten. Jede gebotene nehmen. Und endlich: Beziehungen zu höchsten Stellen anknüpfen.

Sofort nach Reck...s Besuch auf der Elmau ließ Elisabeth

durch Dritte General Halder vor dem Besuch aus der Schweiz namens Reck... warnen. Das machte sie ruhig in bezug auf des Spitzels weiteren Weg. Auch in die Schweiz gelangte nochmals eine Warnung.

Günter Weisenborn führt in seinem Buch „Der lautlose Aufstand" SS-Führer Huppenkothen an, der behauptet, Elisabeth hätte Reck... mit Halder zusammengebracht.

Hier irrt Huppenkothens Erinnerung, denn gerade das tat Elisabeth laut Halders präziser brieflicher Auskunft nicht. Allerdings hat Reck... die beiden Frauen in dem Elmauer Zimmer wieder und wieder um eine Vermittlung zu Halder gebeten. Nicht einmal die Adresse erhielt er. Es war das dritte und letzte Mal, daß Elisabeth Reck... vor der Verhaftung sah. Ein viertes Mal standen sie beide vor Freisler, Angeklagte und Zeuge.

Wirklich reiste Reck... zu dem Generaloberst, den er selber leicht ausfindig gemacht hatte. Dieser benahm sich „zurückhaltend, hörte sich alles an und erklärte schließlich lediglich, er werde selbstverständlich zur Verfügung stehen, wenn es darauf ankomme" (Huppenkothen). Für Reck... bestand kein Zweifel, daß ihm eine Warnung zugekommen war.

Er hatte noch eine Adresse im Kopf: Brüder Wasmuth. Er besuchte den Verleger gleich im Oktober. Davon ahnte niemand etwas in Elisabeths Kreis, und Frau Solf mied neuerdings jeden verfänglichen Verkehr, so daß sie Wasmuths nicht sah und nicht warnte.

Der Arzt stellte sich dem Verleger als Arzt und als Abgesandter Joseph Wirths und Minister Kindt-Kiefers vor, so wie er sein Verslein nun schon am Schnürchen wußte. Wasmuths wurden im April 1944 verhaftet. Auch sie wurden vernommen durch „Leo Lange" in der Abteilung „Bürgerliche Opposition". Der Kunstverleger wurde erst im Mai 1945 auf jenem Schreckensmarsch nach Schwerin durch amerikanische Truppen befreit. Sein Bruder kam eher heraus: ein Bekannter wußte von Langes Schwäche für attraktive Damen, brachte ihn mit einer klugen Schönen zusammen und erreichte durch sie tatsächlich des Schriftstellers und Philosophen Befreiung wesentlich eher.

Im Schatten der Gefahr

Zu den Begleiterscheinungen von Usurpatoren gehört eine bestimmte Art von Frauen. Sie haben ihn, als er, der Diktator, noch niemand war, bereits mit Geld und Verbindungen unterstützt. Sie kennen ihn schon ein wenig länger als die Millionen und bewundern ihn trotzdem. Sie halten ihn für ihr eigenes Werk. Es verschlägt ihnen dabei auch nichts, daß ihre vertraute Runde durch einige neu hinzugekommene Sterne, die den Machthaber angenehm schmücken, ergänzt wird. Ihr bloßes Vorhandensein erfüllt eine unschätzbare Aufgabe: die Landsknechtsumwelt eines „Soldatenkaisers" mit dem Schmelz von Kultur, der Patina von Tradition, dem Schimmer von Geist und Schönheit zu versehen. Wie glanzlos wären die vergoldeten Uniformen, wenn sie nicht um die Wette strahlten mit Haarkronen, Schmuck, Seide und Lächeln!

Gertrud Scholtz-Klinck, Emmi Göring, Frau H., Frau v. Sch., Frau v. D. – die „Mutter der Republik" – gehörten in diesen Kreis. „Sie ist eine Freundin des Führers", hieß es, und das bedeutete keine, auch keine vergangene Liebesbeziehung, kein Eingeweihtsein in Geheimnisse, keinerlei wirklichen Einfluß. Es bedeutete aber, zum engeren Kreis, quasi zur Familie gezählt zu werden, bedeutete, sich in der Sonne des Herrschers zu wärmen, bedeutete, gelegentlich Freunde und was sich als solche einfand, in die Sonne rücken zu können, bedeutete auch, von der Umwelt vertraulich gebeten zu werden, man möchte dies oder das doch zwanglos dem Führer vortragen – was man zuweilen auch tat und worauf man liebenswürdige Antwort erhielt, etwa: Übergriffe der SA irgendwo? Mißstände da oder dort? Ach, das seien so Unterführer, eine Anfangskrankheit, das gebe sich bald, jedenfalls nun, da der Führer das wisse, bestimmt.

Es „gab" sich nichts. Der gute Wille zu echter Hilfe mag vorhanden gewesen sein, vermochte jedoch keine echte Abhilfe zu leisten. Ob manche Härte beseitigt wurde, kann nicht festgestellt werden.

Elisabeth mit ihren tausend Beziehungen – die eigentlich wichtigen in dieser Situation hatte sie nicht. Sie erinnerte sich gemeinsamer Bekannter mit Frau H. und rief diese an. H., beim ersten Versuch nicht vorhanden, rief wirklich eines Tages zurück und beschied Elisabeth zu sich ins Hotel Adlon gegenüber der Reichskanzlei.

Die Szene der Handlung war ein glänzendes Schlafzimmer in der Beletage. Bühnenwirksamen Blickfang bildete ein prachtvolles Traumbett, halb Hollywood, halb Louis-quatorze, damals nicht eben das übliche. In diesem befand sich Frau H., in einem Nachtgewand, das absolut als Gedicht zu bezeichnen war. Ob sie, also gewandet, unter Sirenengeheul in den Luftschutzkeller des berühmten Adlon entschwebte, wenn nachts Alarm kam?

Draußen auf den Straßen Berlins gab es allmorgens frische Bombentrichter und in farbloser Frühe die müden, hungrigen, schleifenden Schritte der Gefangenenkolonnen und Munitionsarbeiterinnen, gelbgraue Gesichter, gelbgrauer Rauch, gelbgrauer Steinstaub. – Hier oben war ein anderes Jahrhundert – oder die Zeit, die immer ist, in welcher draußen Menschen verkommen, während es jenen im Warmen wohlgeht und sie es nicht einmal wissen. Man plauschte so hin. Es schien Elisabeth schlechterdings taktlos und war vielleicht auch für diesen ersten Besuch nicht ihre Absicht gewesen, angesichts von Seide, Locken und Spitzen von ernsten Schwierigkeiten zu sprechen, in die man geraten war. Überdies klopfte es, und eine zweite Freundin des Führers wehte in eleganter Trauerkleidung, aber heiter herein. Elisabeth wollte nicht stören und machte Miene zu gehen. „Aber bitte, Sie stören doch nicht!"

Darauf begehrte H. ihr Morgenbad zu nehmen und zog sich nach nebenan zurück. Indessen unterhielt man sich artig, auch von Wieblingen war die Rede, denn immer noch liefen ja Elisabeths viele Fäden über ihre frühere Schule in alle Welt.

Man hörte drüben Handtuch und Kremdose und tiefen, erfrischten Atem. Sollte es doch noch möglich werden, einer Wohlaufgeräumten zu sagen, was einen selber betroffen?

Und dann stand diese unversehens da, duftend, groß und schön, wie der liebe Gott sie geschaffen. Elisabeth mußte tief Luft holen. Für einen ersten Besuch bei der neuen Bekanntschaft fand sie das viel. Ihre Fassung wurde belohnt: „Morgen frühstücken S' doch mit mir? Es kommen noch einige Leute, gelt?"

War nun der gefährdete Tee in die rettende Sonne gerückt?

„Erstaunlich", schrieb Elisabeth hoffnungsvoll, „was diese H. alles spielend zuwege bringt." Wer zum Beispiel bekam sonst binnen zwei Tagen für Bekannte ein Visum in die Schweiz, wie Elisabeth beiläufig vernommen?

Sie fand sich zum Frühstück am Freitag mittag ein. Es kam ihr selber ein wenig vor, als ginge sie in der Französischen Revolution spazieren: auch angesichts eines Weltuntergangs wissen die Immer-Klugen zu leben, duftende Blüten auf schwankendem Grund. Sie traute den „Frauen um Hitler" dennoch Herz und Verstand zu und einen Einfluß, von dem sie hoffte, daß er nicht nur vorgetäuscht sei. Wenn die H. Rat für sie und ihre damaligen Gäste wußte, würde sie ihn nehmen.

Wirklich kam eine Unterhaltung über die heikle Belastung in Gang. Weit führte sie nicht. Denn nach und nach fanden sich weitere Frühstücksgäste, Bienen um ihre Blüte, ein. Elisabeth unterhielt sich entsprechend fleißig und hörte außerdem allseits aufmerksam zu. Sie hatte sich elegant zurechtgemacht. Sie fiel gar nicht aus diesem Rahmen – fast gar nicht. Saßen sie nicht letzten Endes alle im gleichen Boot? Oder – war sie schon über Bord und wartete auf die rettende Leine, während die anderen weiterfuhren, warm, trocken und ahnungslos, daß sie um ihr Leben schwamm?

„Frau H. konnte auch nicht mehr helfen", hieß es später lapidar.

Mit Bangen war sie in die Höhle des Löwen gereist, aber dann schrieb sie an eine Freundin in Elmau über ihre Ankunft in Berlin einen befriedigten Brief.

„Ich bin einfach wieder in meiner Wohnung gelandet mit eineinhalb Stunden Verspätung nach zwölf! Das eigene Bett, die eigenen Sachen mitten im Möbellager und angesammeltem Sommerstaub – ein gutes Gefühl! Den Transport der Möbel hatte ich noch einmal hinausschieben lassen. Am anderen Morgen erwischten mich gleich verschiedene Telefone ... Über Mittag beim Präsidium des Roten Kreuzes ... Ich soll als 1 C ins Stabsbureau nach Paris zur geistigen Betreuung der Soldatenheime in Frankreich analog der 1 C beim Heer. Ein neuer Posten, den es bisher beim Roten Kreuz draußen überhaupt noch nicht gibt – der in Verfolg meiner sommerlichen Ideen und Beobachtungen erst geschaffen wird. Sachbearbeiterin für geistige Betreuung ..."

Und in einem Brief an ihres Vetters Hans Ritter Frau schrieb sie:

„Am ersten Tag des großen Angriffs strebte ich gerade nach

Trieglaff zu meinen Wintersachen, so blieben mir die bösen Tage in Berlin erspart. Montag muß ich aber wieder dahin zurück, um von da aus möglichst schnell nach Frankreich zu fahren zur geistigen Betreuung der Soldatenheime in Frankreich mit dem Sitz in Paris analog der 1 C's in den Heeresstäben. Eine gute Aufgabe in dieser atemraubenden, herzbeklemmenden Zeit! ... Meine Berliner Wohnung dicht am Zoo, wie eine Oase in Trümmern, steht noch. Vielleicht ist nun *die* Gegend genügend ausgebombt! Um meine alten Möbel täte es mir leid. Wie gut, daß Ihr trotz veränderten Szenenwechsels in G. bleiben könnt, und *Menschen* sind es ja weiterhin, für die Jo sich einsetzen kann. Ich finde, das ist doch die Hauptsache!"

Trotz des optimistischen Tones, der mehr an die Empfänger gerichtet ist, als daß er eigene Sicherheit ausdrückt, hielt sie sich möglichst wenig in der eigenen Wohnung auf, gleich einem wachsamen Tier. Sie war viel bei Verwandten. Sie reiste für mehrere Tage nach Trieglaff, um sich Wintersachen, die sie dorthin verlagert hatte, zu holen. Sie suchte ihre jüngste Schwester in Göttingen auf und erzählte dieser von ihrer gefährlichen Situation. Es tat ihr wohl, diese Sorgen mit Ehrengard zu teilen, die bereits an früheren Wendepunkten, so als sie den Platz Wieblingen zur Gründung der Schule ausfindig machte, Rat für Elisabeth gewußt hatte. „Eta" machte kein Hehl daraus, daß sie Elisabeths Verhalten bodenlos leichtsinnig fand, aber auch kein Hehl daraus, daß diese einer unausdenkbaren Gemeinheit zum Opfer gefallen war. Ausgeglichen und besonnen riet sie, sehr ruhig, sehr behutsam zu warten, nichts und niemanden zu provozieren und vor allem rasch eine feste Tätigkeit anzustreben. Weil ja in all diesen Wochen gar nichts erfolgt sei, könne man doch nur hoffen, daß alles ohne Schwierigkeiten vorübergehe.

Auch das Thema Flucht wurde noch einmal erwogen.

Aber wie, wenn die Gestapo gar nicht beabsichtigte, zuzugreifen, etwa weil Schachts Schwiegersohn, Herr van Scherpenberg, bei der Gesellschaft zugegen gewesen war? Dann mußte Elisabeths Entweichen über die Grenze die Zurückbleibenden erst wirklich gefährden. Ebendas wollte Elisabeth auf keinen Fall. Sie wußte genau: nicht nur im Gedanken an die „Väter von Kindern", sondern vor allem daran würde sie nie wieder ruhig in „Freiheit" leben können. Was war eine Freiheit wert, die die übrige Teerunde innerhalb deutscher Grenzen doppelt zu büßen bekommen würde? Auch hatte ja Elisabeths Bruder als exponierter Mann der Bekennenden

Kirche bereits mehrere Vernehmungen hinter sich und würde sofort mit in neue Gefahr gerissen werden.

Also rasch eine Tätigkeit.

Doch damit haperte es. In der Zentrale des Roten Kreuzes sprach man ausführlich zu ihr über Verschiebungen in den Stäben, um ihre Stellung vorzubereiten. Fernschreiben gingen „hin und her", bis zum 29. Oktober „würde die Sache wohl klappen". Aber sooft Elisabeth vorsprach, sah sie sich vertröstet. Lag ein Auftrag zur Überwachung vor, und registrierte auch hier irgend jemand jedes Wort? Waren den Vorstandsmitgliedern, der Vorsitzenden die Hände gebunden? Elisabeth hatte anfangs in gewohnter Offenheit geradheraus gesagt – wenn auch unter vier Augen und nachdem sie das vorgesetzte Gesicht hinter dem Schreibtisch geprüft hatte –, daß sie sich beobachtet fühlte und darum fortstrebte.

Wenn ihr das nicht schadete, so nützte es doch auch nichts. Man ließ sie weiterwarten. Sie, ein Mensch der raschen Entscheidungen, ertrug das Zögern nur schwer und das Schweigen, das sie umstellte und zu dem sie selbst inmitten von Menschen verurteilt war. Sie fühlte sich in einer quälend undurchsichtigen Situation.

Sie packte indessen Weihnachtssendungen mit für die Front. Endlich, in der Adventszeit, durfte sie wieder nach Frankreich. Sie kam in das Soldatenheim Meaux, zu einer Vertretung „über Weihnachten". Anschließend sollte sie dann Mitte Januar die Leitung des Soldatenheims Cherbourg übernehmen. Vom 1 C beim Stab des Roten Kreuzes in Paris war allerdings nicht mehr die Rede. Das war zwar eine Enttäuschung, aber sie war innerlich ganz bereit, sie auf sich zu nehmen und überhaupt einfach zu nehmen, was an Arbeit ihr die Wirklichkeit hinwerfen würde.

Wie hatte Elisabeth Thadden verstanden, junge Menschen Advent und Weihnacht – ebenso wie andere Feste jeder Art – lebendig erleben zu lassen! Jetzt erlebte sie ihrerseits, was man an sogenannter Kultur und Gemütlichkeit den Soldaten bot: gewiß das Bestmögliche – aber was war das schon, verglichen mit dem, was ihr im Christfest verborgen lag?

Es war dafür gesorgt, daß kein echtes, gutes Gespräch, nichts von Soldatenbetreuung und freundlichen menschlichen Kontakten ihr gegönnt war. Schwester Elisabeth von Thadden, ehemals Internatsleiterin, krempelte im Spülraum hinter der Küche die grauen Ärmel auf und wusch stundenlang das Geschirr.

SS-Sturmbannführer Kriminalrat Lange hatte bisher gehofft, durch unauffällige Überwachung des Fräuleins von Thadden und seiner Gäste den unsichtbaren Fäden ins Ausland, vielleicht dem Verschwörernest, das er witterte, auf die Spur zu kommen.

Nun aber brachte Reck ... überhaupt keine Neuigkeiten mehr – außer der relativ harmlosen Äußerung des Verlegers Wasmuth, ja, er hätte von Reichskanzler Wirths Verbindungen „schon mal" gehört. Das war zuwenig.

Auch der Besuch bei General Halder hatte wenig, eigentlich gar nichts gebracht. Wohin Reck ... kam – nichts war mehr für ihn zu holen. Das leidenschaftliche Fräulein von Thadden hatte seine Gesinnung geändert oder – sein Temperament gezügelt.

Kiep war noch immer verreist.

Telefonieren taten alle Gäste des Tees seit dem September auffallend wenig – gewiß nicht aus Sparsamkeit, da man im vierten Kriegsjahr Blitzgespräche nicht scheute, selbst um solche Lappalien wie die, daß man nach einer schweren Bombennacht noch *lebte.*

Vor allem daß Frau Solf den Arzt nicht empfing, lähmte die weitere Nachforschung sehr. Lange zeichnete Kreise und Punkte: um Frau Solf verdichteten sich die Zeichen. 1942 waren unter ihren Freunden Mumm und Halem festgenommen worden und der von diesen als möglicher Attentäter vorgesehene Beppo Römer – Hauptmann a. D., Freischärler a. D., SA-Mann a. D., Röhmanhänger a. D. –, der im Konzern Ballestrem durch Solfs protegiert worden war. Und neuerdings, im Sommer 1943, hatte man wieder aus ihrem engsten Kreis zwei Personen verhaftet: Bernstorff, den Grafen, und Metzger, den Pfaffen, alias Bruder Paulus. Von der Art gingen wohl noch mehr bei ihr ein und aus. Der Verdacht lag nahe, daß eben hier, unterstützt von den Gästen des Thadden-Tees vom 10. September 1943 und weiteren Helfern, verstand sich, das Zentrum des Komplotts verborgen war. Denn seit jenem Datum schwiegen sie alle wie auf ein Zeichen. Offensichtlich hatten sie das Spiel des Arztes erkannt.

Zu offensichtlich. Jahrzehnte danach, beim Vergleich der Berichte, leuchtet ein, daß Elisabeth, indem sie Reck ... wiedersah, das Klügste von allen getan, wider Willen: ihn hinzuhalten, ebenso wie Halder und Siegmund-Schultze (der letztere nach brieflicher Auskunft auf Gisevius' Bitte, der damals in Zürich als Gestapochef fungierte und zugleich die Belange der Verschwörer vertrat). Man möchte sagen: Hätte jeder der Beteiligten Reck ... hinzuhalten versucht! Hätten sie alle zusammen Katze und Maus mit ihm gespielt! – Sie brachen das Spiel ab, zu früh, zu deutlich.

Lange und sein Agent, die es begonnen, wollten es nicht beenden und nicht verlieren, nicht *so* jedenfalls. Sie waren entschlossen, es für sich zu gewinnen, und nebenbei überzeugt, daß es für den Staat der Zukunft, den immer geträumten, gewonnen werden mußte. Unauffällige *Überwachung* versprach nun keinen Erfolg mehr. Es hieß zu Repressalien greifen: unauffällig *verhaften!*

Wegen der Wichtigkeit des Falles und der Exponiertheit der beteiligten Personen wurde Himmler bemüht. Er hatte im August dieses Jahres 1943 zu seiner bisherigen Machtfülle als Reichsführer der SS auch noch das Innenministerium erhalten. Der „eiserne Besen an diesem Platz" – das gab vielen zu denken, die das Denken bisher versäumt hatten – gab den Befehl zur Verhaftung aller Personen, die in den Umkreis des Tees vom 10. September gehörten.

Mitte Januar schlug man zu, aber geräuschlos. Sie verhafteten beinah alle zugleich, nur nicht Halder. Sie wollten möglicherweise die Wehrmachtführung nicht vollends aufmerksam machen, sondern sie zu reizen vermeiden. Vielleicht war der Verdacht wie bei Wasmuth einstweilen allzu gering.

Vor allen anderen holten sie „einen pflichtvergessenen hohen Beamten" im Oberkommando der Wehrmacht, den Warner Kieps: Moltke. Dann die andere Warnerin, jene Freundin Elisabeths, Adrienne („Denne") von Bülow-Putlitz, von Siegmund-Schultze gebeten, ihren Urlaub in der Schweiz abzubrechen und in Deutschland vor Dr. Reck ... zu warnen. Sie hatte sonst nichts mit der Sache zu tun.

In Garmisch wurde Hanna Solf überrascht und mit ihr ihre Tochter Lagi geholt, Gräfin Ballestrem, damit kein Laut in die Außenwelt dringe.

Aus dem gleichen Grunde wurde Elisabeth Wirth nach Mittenwald hinabbestellt. Im Offiziererholungsheim Schloß Elmau wollte man nicht durch eine Verhaftung auffallen. Die drei wurden ab München im Erster-Klasse-Abteil, ängstlich bewacht, nach Berlin geschafft.

Anne Rühle saß in Ost-Berlin in einer Beratung. In ihr Sitzungszimmer mußte der Amtsdiener rufen: „Ein Vetter aus dem Felde erwartet Frau Rühle!" Sie fand zwei Beamte im Vorraum und hatte ihnen unverzüglich in den Polizeiwagen zu folgen.

Dr. Kiep wurde am 16. Januar aufgespürt. Seine Frau mußte mit. Sie wurden natürlich getrennt. Dr. Zarden wurde samt Tochter geholt und ebenfalls von ihr getrennt. Fräulein von Kurowsky traf am Gefängnis in der „Grünen Minna" ein.

Elisabeths Schwester Anza lag so schwer krank, daß man sie erst ein wenig gesund werden ließ. Dann durfte sie auch ins Gefängnis.

Herr van Scherpenberg hatte Anfang Januar noch zweimal in Schweden zu tun wegen wirtschaftlicher Fragen. Der Zurückgekehrte wurde Ende Januar aufs Reichssicherheitshauptamt bestellt. Der Umstand, daß er seine Safeschlüssel ins Auswärtige Amt zurückbringen mußte, gab ihm die Möglichkeit, sein Verschwinden dort zu erklären.

Elisabeth von Thadden hatte bereits in Meaux ihre Sachen gepackt – für die Übersiedlung nach Cherbourg, wo sie das Soldatenheim übernehmen sollte, wie man ihr sagte. Am 12. Januar saß sie beim Frühstück im Eßraum neben der Küche des Heims. Sie sollte heute zunächst zu ihrer Vorgesetzten nach Saint-Germain-en-Laye fahren.

Drei SS-Leute traten ein und sagten der jungen Leiterin des Heims: „Wir wollen Fräulein von Thadden abholen." „Schwester Elisabeth, nun brauchen Sie nicht mit der Bahn nach Paris!" rief diese ihr zu, „Sie werden mit dem Auto – " Gelächter! Geholt – aber nicht als Leiterin nach Cherbourg, Elisabeth wußte es gleich. Hatte sie je einen Atemzug lang, je irgendwann gehofft, daß man weiter keine Notiz nahm? Hatte sie je durch die Netzmaschen zu schlüpfen geglaubt? Es war das erste Mal, daß Elisabeth, die immer Planende, Tonangebende, Führende, einfach geholt wurde. In Zukunft wurde sie nur noch geholt und gebracht. Dem Rechnungsführer des Heims vertraute sie rasch eine persönliche Briefmappe an – sie liege oben in ihrem Zimmer, er möchte sich bitte um sie kümmern. Nichts da – die drei nahmen sie in die Mitte, geleiteten sie in ihr bisheriges Zimmer hinauf, es gab keinen Schritt mehr allein, keinen unbeobachteten Augenblick. Sie mußte machtlos zusehen, daß ihre – schon geleerten – Schubladen aufgezogen, Bett und Möbel durchsucht wurden und daß persönliche Briefe – für diesen Fall vorsorglich geschriebener Abschied – genommen wurden wie alles, was ihr gehörte.

Hinter den Fenstern des Hauses stand unauffällig das Personal und schaute mit seltsam gemischten Gefühlen dieser Verhaftung zu. Noch hatte nicht einmal Mitleid Raum, sondern Bangen an erster Stelle um das eigene Fleisch, vielleicht auch ein klein-hämisches Wünschen, daß diese oft einschüchternde Frau ein wenig herabsteigen lernen möge, jedenfalls noch keine Empörung: für irgendeine Erregung nämlich hatte alles viel zu reibungslos funktioniert.

Vielleicht ist das überhaupt ein wichtiger Grund, warum – schwer verständlich für Ausländer und für die nachwachsende Generation – in all den Jahren so wenig, so selten sich spontane Empörung Luft machte: der Apparat klappte wie immer vorzüglich, er schloß sich wie eine lautlose Falle auch hinter Schwester Elisabeths Abfahrt.

Etwas später besann sich die Heimleiterin auf ihre nächste Pflicht: sie meldete das Vorgefallene telefonisch nach Saint-Germain. Dort war Frau Röhr als Stabshelferin Leiterin der Soldatenheime Nordfrankreichs. Sie war eine Schwester jenes verwegenen Diplomaten von Hentig, der als junger Attaché zwei abenteuerliche Dienstreisen durch Ostasien gemacht hatte, und war dann die Frau seines Freundes und Begleiters geworden. Sie meldete sich sofort zu einer Aussprache bei ihrem Wehrmachtsvorgesetzten, dem Befehlshaber Nordwest/Frankreich, und legte ihm den Fall vor. Beide Gesprächspartner sahen eine Möglichkeit zum Einschreiten, wenn man der SS gegenüber geltend machte, daß alle Rote-Kreuz-Helferinnen Wehrmachtsgefolge waren und somit der Wehrmachtgerichtsbarkeit unterstanden. Der General rief Paris an, verlangte den zuständigen Oberst im Generalstab, Verbindungsoffizier zur SS, und nahm sein Versprechen entgegen, sich bei Oberg zu verwenden, dem obersten SS-Führer und Polizeichef in Frankreich, der auch bereit schien, der Sache nachzugehen. Etwas später erhielt der Oberst ein telefonisches Achselzucken zur Antwort: Rückfrage in Berlin hatte ergeben, daß die Pariser SS da nichts machen könnte, der Haftbefehl Elisabeths von Thadden sei vom Reichssicherheitshauptamt, vom Reichskriminaldirektor Heinrich Müller, gekommen, damit habe man nichts zu tun. Frau Röhr und die Offiziere erhielten den Rat, sich nicht einzumischen, auch den Bruder Fräulein von Thaddens, damals Feldkommandant von Löwen, aus dem Spiel zu lassen, es handele sich um Landesverrat.

Die gleiche Anschuldigung wurde Monate später vom Badener Gauleiter wiederholt, als er unter badischen Parteiführern – zugegen war auch der Ortsgruppenleiter von Wieblingen – bekanntgab, daß Elisabeth von Thadden, ehemals Internatsleiterin in Heidelberg-Wieblingen, auf frischer Tat „mit einer Kuriermappe", die illegales Material für eine ausländische Macht enthielt, erwischt worden sei, es handele sich bei ihr um eine Agentin.

Es wurde also ein bloßer Verdacht – und zwar ein falscher – noch vor der Untersuchung zum Tatbestand erklärt. Auch auf diese Weise erstickte die Geheime Staatspolizei jedes Aufbegehren in der Umgebung Verdächtiger. In dem Schutz, den die Undurchsichtigkeit solcher und ähnlicher Behauptungen Außenstehenden gegenüber der Gestapo gewährte, konnte sie, konnten aber auch Dienststellen der Partei ungestört ihre Ziele verfolgen und ihre Methoden der Untersuchungshaft praktizieren.

Die Offiziere mußten ihre gefährliche und nutzlose Intervention abbrechen und Elisabeth Thadden – eine so gar nicht doppelbödige, so wenig als Agentin geeignete Persönlichkeit – als Agentin verschleppen lassen. Jeder empfand beschämt seine Machtlosigkeit gegenüber der Parteidiktatur. Immerhin erfuhr Frau Röhr beiläufig Elisabeths Aufenthaltsort: Fresnes. Aber ihr Versuch, sie dort zu besuchen, um sich von Schuld oder Unschuld zu überzeugen, wohl auch nach persönlichen Bestellungen zu fragen, wurde verhindert.

Alle Teegäste und ihre denkbaren Mitwisser waren verhaftet. Eine entging durch Zufall.

Frau van Scherpenberg hatte nach einem anstrengenden Arbeitsjahr und einem spannungsvollen letzten Quartal sich einige Tage Urlaub in Wien gegönnt. Beunruhigt, nach ihrer Rückkehr keine Post von ihrem Mann aus dem allnächtlich mit Bomben belegten Berlin vorzufinden, fuhr sie Ende Januar dorthin. Nachdem sie im Treppenhaus des Auswärtigen Amtes auf der Liste für den Luftschutzdienst der letzten Nacht aufatmend seinen Namen gelesen hatte, wartete sie in seinem Dienstzimmer auf ihn. Da er lebte, mußte er ja einmal kommen. Endlich fragte sie einen Kollegen. Der „wartete auch". Sie rief die Wohnung an. Das Mädchen sagte, er sei „verreist". Sie fragte eine Sekretärin. Die antwortete: „Er war nur kurz hier." Erst im Personalamt wagte ihr einer der Herren zu sagen, ihr Mann sei für zwei bis drei Tage „zu Vernehmungen" fort, und er fügte die Frage hinzu: „Wissen Sie übrigens, worum es sich handelt?" „Sicher", sagte sie, „ganz genau. Das ist doch die Sache Thadden und Kiep", und stellte erstaunt fest, daß man davon hier wirklich nichts wußte.

Daraufhin erzählte sie jedem, der es wissen wollte, was eigentlich geschehen war, und verbreitete so – mehr instinktiv als bewußt – die Nachricht von der Verhaftungsserie, die Namen der betroffenen Personen und alles, was mit der „Sache Thadden-Kiep" zusammenhing, um die amtlich ein tiefes Geheimnis gelegt war. Der Sekretärin, dem Personalamt des Außenministers, dem Mädchen zu Hause war Schweigen befohlen, ihr nicht.

100

Sie fuhr nach Schönfließ, sie fragte nach Anza, von dreiviertel Stunden Schneesturm erschöpft.

Der Diener: „Bedaure, verreist."

„Schon länger?"

„Knapp vierzehn Tage."

Sie erfuhr von den aufgewühlten, erregten Veltheims, was während ihrer Reise nach Wien geschehen war. Sie kam zurück nach Berlin und sorgte weiter, daß der Kreis der Mitwisser nicht klein blieb. Bald würde – wenn auch heimlich – die Sache Thadden und Kiep in aller Munde sein, eine gewisse Gewähr, daß niemand von den Gästen, die ja immerhin prominent waren, sang- und klanglos verschwinden konnte, sei es im KZ, sei es durch einen plötzlichen Tod.

Mit zwei Koffern voll Sachen, die sie vor den Bomben in Bayern in Sicherheit bringen wollte, verpaßte sie ihren Zug – eben den, in dem drei Beamte nach Hubertushof fuhren, um auch sie zu verhaften. Sie sollten dort vom Mädchen alles erfahren, was es wußte: daß die Frau zu ihrem Manne gereist war, daß ihre Rückkehr unbekannt war, daß sie manchmal drei Wochen lang blieb. Die Beamten reisten unverzüglich zurück nach Berlin, um sie dort zu verhaften, indessen sie, nun mit genau 24 Stunden Verspätung, an ihnen vorbeifuhr. Inzwischen wurde „Lange" durch seine Horcher gewahr, daß halb Berlin von der Nachricht voll war, die Frau van Scherpenberg weitergegeben hatte. Der Kreis der Mitwisser war damit gesprengt. Die Ehefrau van Scherpenbergs zu verhaften, war nun zwecklos.

Daß der Apparat an einer Stelle zufällig eine Fuge aufwies, verhinderte immerhin, daß die ganze Teegesellschaft lautlos in seinen Fallen verschwand.

Untersuchungsgefangenschaft

Von nun an verliert sich Elisabeths fester Schritt auf den kahlen Gängen von Haftanstalten. Die Stationen ihres Lebens führen bekannte, verrufene Namen.

Prinz-Albrecht-Straße, Vernehmungszentrale. Nächtelanges Verhör. Wann überhaupt hat sie seit Meaux je Gelegenheit zu schlafen bekommen? Auch in Fresnes hatte man sie schon vierundzwanzig Stunden lang ohne Pause verhört.

Oranienburg. Dorthin steckte man nach der ersten Vernehmung Frau Solf, Fräulein Zarden, Fräulein Wirth und Fräulein von Thadden: in winzige Zimmer, jede mit zwei Beamtinnen zur lückenlosen Bewachung, jede von der anderen sorgfältig getrennt. An den Fenstern wurden „zur Umerziehung" elendgraue Lebewesen vorübergetrieben. Den Untersuchungsgefangenen war das Hinaussehen verboten. Ein einziger unwillkürlicher Blick durchs Fenster beim Betreten des Zimmers genügte jedoch, um die Gestalten nicht vergessen zu können. Würden sie selbst einmal so –?

Eine Zweigstelle „der" Prinz-Albrecht-Straße lag am Kurfürstendamm. Dorthin kam Zarden. Als hoher Beamter im Auswärtigen Amt außer Dienst hatte er keine Illusion, je wieder herauszukommen, und nahm sich, sobald er Gelegenheit fand, durch einen Sturz aus dem Fenster des Waschraums das Leben. Darauf wurden andere Untersuchungshäftlinge nicht mehr allein gelassen – auch nicht im Abort, auch nicht die Frauen.

Gefängnis Alexanderplatz. Dorthin wurden Frau Kiep, Gräfin Ballestrem und Anza transportiert. Anne Rühle wurde von mittags um eins ohne Essen, ohne Pause bis zum Morgengrauen verhört – frierend, hungrig und übermüdet, dann in den sechsten Stock hinaufgebracht, wo es außer den einzeln eingesperrten politischen Gefangenen Wanzen gab.

Untersuchungsbau: sogenannter Strafbunker in Ravensbrück. Doppelte Mauern, Wassergraben, Stacheldraht und scharfe Hunde versuchten hier vergeblich, den schon zusammenbrechenden Staat vor seinen fähigen Köpfen zu schützen.

Hier kamen nach und nach alle Teegäste an. Sie wurden mit peinlicher Genauigkeit voneinander getrennt: es waren genug Gefangene vorhanden, um jeden von ihnen seinen täglichen Rundgang im Hof mit Unbekannten machen zu lassen.

Der Strafbunker war dem KZ Ravensbrück nur bauplanmäßig und wirtschaftlich angegliedert, organisatorisch jedoch von diesem getrennt. In fast pausenlosem Pendelverkehr wurden Tag und Nacht Gefangene zum Verhör und einmal monatlich zum Empfang von Besuch nach Drögen, in die Vernehmungszentrale der Sonderkommission IV, gefahren.

Zuchthaus Brandenburg. Die Häftlinge ohne Gürtel und Hosenträger, Schnürsenkel und Schlips waren hier nicht mehr in den Händen der Gestapo, sondern der Justiz, was einige Erleichterungen – unter anderem zweimal wöchentlich Besuch – mit sich brachte. Hierhin wurden nach den Monaten in Ravensbrück Kiep und van Scherpenberg gebracht. Kiep hatte mehrere Selbstmordversuche hinter sich und – was er noch nicht wußte – Folterung durch die Gestapo nach dem 20. Juli vor sich.

Frauengefängnis Barnimstraße. Es war die Vollzugsanstalt, in der die verhängte Strafzeit nach dem Gerichtsurteil abzubüßen oder die Hinrichtung zu erwarten war. Nicht immer kam man damit rasch an die Reihe. Es war noch Hoffnung. Es liefen viele Gnadengesuche.

Plötzensee. Für Tausende Endstation. Hier und in Brandenburg fanden die Hinrichtungen statt.

In rasender Fahrt war Elisabeth nach Oranienburg gebracht worden. Sie sah die andern Untersuchungshäftlinge nicht. Allnächtlich wurde sie zu Verhören nach Berlin gefahren, manchmal auch tags. Es war Januar, sie fror, sie trug noch Schwesterntracht des Roten Kreuzes. Aber gerade wenn es kalt war, heizte man nicht. Vor den Verhören ließ man sie stundenlang in eisigen Räumen warten. Andere Male überheizte man absichtlich den Warteraum. Sie erkältete sich. Aber noch immer kannte die Außenwelt nicht ihren Verbleib, keiner konnte ihr wärmere Sachen bringen, keiner konnte die kleinen täglichen Notwendigkeiten ihres Lebens ergänzen.

Die Behandlung war erträglich, die Beamtinnen größtenteils sachlich, das Essen – wenn man es nicht durch ausgedehnte Vernehmungen verpaßte – leidlich. Aber es war verboten, den nächtlich versäumten Schlaf am Tag nachzuholen, und verboten zu schreiben. Manchmal wurden die Häftlinge gegen Abend an die frische Luft hinausgelassen, aber immer nur eine von ihnen, so daß keine die andere sah. So lebten sie vier Wochen lang in den Barakkenzimmern des Lagers Oranienburg, ehe von „Abtransport" die Rede war. „Abtransport" hieß: quälende Ungewißheit des Schicksals – denn selbst in Baracken gefangen, hat der Mensch nach einiger Zeit Wurzeln geschlagen.

„Ganz früh", schreibt Elisabeth Wirth, „ging es bei eisiger Kälte wieder per Autos zum Bahnhof Oranienburg. Der Zug hatte über eine Stunde Verspätung, und auf diese Weise sah ich Fräulein von Thadden zum erstenmal wieder. In Schwesterntracht, bleich, schlank, ernst. Wir durften nicht miteinander sprechen, die Beamtinnen verfolgten uns beim Hin- und Hergehen am Bahnhof und paßten auf." Hier sah „Thadden" zum erstenmal, daß auch „Wirth" in Gefangenschaft war. Ein großes Erschrecken und dann ein verzweifeltes, versteinerndes Gesicht!

Im Zug war kein reservierter Wagen, wie er bestellt war, vorhanden. Aufgeregt trennten sich die Beamtinnen und stiegen zu zweit mit je einer Schutzbefohlenen in verschiedene Abteile der überfüllten Bahn Richtung Neustrelitz. Sie brauchten um Flucht nicht besorgt zu sein – ihre Häftlinge waren zu anständig für eine Flucht. Keine wollte die andern doppelten Repressalien aussetzen. Elisabeth selbst hatte schon in Fresnes im Gedanken an ihren gefährdeten Bruder Fluchtmöglichkeiten vorübergehen lassen.

Hätten sie fliehen können und sollen?

Die vier Frauen wurden in Ravensbrück vom Kommandanten empfangen und dann jede in eine Einzelzelle gesperrt. Mochte es die Beamtinnen schaudern, sie atmeten erleichtert auf, sie hatten einen schwierigen Auftrag erledigt. Eigentlich jetzt erst schienen dem Sicherheitsdienst die Gefangenen dingfest zu sein.

Für einige von ihnen gab es hier Erleichterungen: wöchentlich eine Dusche unter Bewachung, manchmal Rundgang im Hof – jedoch nie mit Bekannten aus der Teerunde –, Rauchen, Lesen und Handarbeit wurden erlaubt. Frau Solfs Zelle blieb zeitweilig offen, weil sie das Eingesperrtsein nicht ertrug.

Die Gestapo hatte sich schon 1937, ohne daß die Öffentlichkeit davon erfuhr, gegenüber der Justiz freie Hand für Voruntersuchungen gesichert. Ein Bericht des Düsseldorfer Oberstaatsanwalts – „betrifft Mißhandlungen politischer Häftlinge, vertraulich" – den das Buch „Justiz im Dritten Reich" wiedergibt, enthält aufschlußreiche Sätze darüber:

„Von seiten der höchsten Staatsführung sind verschärfte Vernehmungen für erforderlich und unerläßlich anerkannt worden. In derartigen Fällen wäre es widersinnig, die ausführenden Beamten wegen Amtsverbrechens zu verfolgen..."

Und später:

„Frage 1: Bei welchen Delikten sind verschärfte Vernehmungen zulässig?" Antwort: „... in denen der Sachverhalt unmittelbare Staatsinteressen berührt", wie „Verdacht von Hoch- und Landesverrat, Bibelforscher, Sprengstoff- und Sabotagesachen".

Frage 5: „Welche Sicherungen sind gegen die Anwendung verschärfter Vernehmungsmaßnahmen bei Unschuldigen gegeben?" Die Frage wurde für erledigt erklärt...

Frage 6: „Wie werden technisch die Fälle bei der Justiz behandelt?" Antwort: „Geht eine Anzeige bei der Staatsanwaltschaft gegen die Vernehmungsbeamten ein, wendet diese sich an die Gestapo in Berlin und hat nur formellen Bescheid zu geben: Nach den Ermittlungen läge eine strafbare Handlung nicht vor."

Wenn diese Praktiken dem durchschnittlichen Volksgenossen weitgehend verborgen blieben, so war doch teilweise so viel davon durchgesickert, daß politische Häftlinge mit Mißhandlungen rechnen mußten. Geheim jedoch blieb, daß – wie später bekannt wurde – bis zu fünfundzwanzig Stockschläge 1937 halboffiziell erlaubt waren und danach Mißhandlungen auch darüber hinausgingen.

Aus dem Kreis des Thaddentees scheinen die Frauen nicht geschlagen und mißhandelt worden zu sein. Vor Männern aus dem „Solf-Kreis" hat man in dieser Hinsicht nicht haltgemacht, wie Stutterheim, Poelchau, Pechel und andere bezeugen. Doch hatte man seine „zulässigen" Methoden, auch die Frauen mürbe zu machen. Das Hauptmerkmal war, daß man die Rechtlosigkeit der Gefangenen für Rechtens ansah und ausgab.

Die Behandlung hing von den Anordnungen des Vernehmungsleiters ab. Elisabeth wurde noch immer fast täglich oder nächtlich zu Verhören geholt. Lange Zeit hielt der Kriminalrat sie für die Schlüsselfigur oder doch die wichtigste Verbindungsperson der vermuteten oder gesuchten Verschwörung um die Schweizer Emigranten. Alle Teegäste wurden in erster Linie und in immer neuen Variationen danach gefragt.

Elisabeth versicherte, daß nichts zuzugeben sei. Man log ihr vor, die andern hätten schon alles gestanden.

Die andern? Das sagte man ihr gewiß nur so her. Sie in ihrer vollkommenen Isolierung wußte noch immer nicht, wie viele mit ihr verhaftet worden waren.

Da ließ Herr Lange sie kommen und stellte sie ihr gegenüber: die Familienväter, um die sie gefürchtet hatte; Frau Solf, die in ihrer Bitterkeit Elisabeth die Schuld an eigener Unvorsichtigkeit zu geben versucht war; deren Tochter; Anza, die gar nichts zu allem getan hatte, als daß sie einfach Geburtstag gehabt – und sie alle, die ihren Geburtstagstee getrunken hatten. Langes Miene verriet Triumph: „Sie sind in meiner Hand." Und im übrigen, sagte er, sei Zarden schon tot.

Keine körperliche Folter hätte einen so ausgeprägt verantwortungsbewußten Menschen wie Elisabeth tiefer verwunden können als diese Gegenüberstellung. Sie war vorher schon sehr geschwächt durch Mangel an Schlaf, durch zermürbende Verhöre und durch die Einzelhaft, die ihr, die von mitmenschlichem Austausch und freundschaftlichen Beziehungen förmlich zu leben gewohnt war, besondere Härte bedeutete. Nun war ihre wochenlange fugendichte Isolierung plötzlich durchbrochen – mit grausamer Schärfe. Lange bewirkte damit, daß ein Wesensmerkmal in ihr zu zerbröckeln begann, das ihr und anderen lebenslang Freude und Hilfe, auch viel Not bereitet hat: die ausgeprägte Fähigkeit zum Protest.

Nun nämlich machte sie ein vorher undenkbares Zugeständnis: daß der Staat, auch der „böse" Staat, das Recht habe, sich mit allen Methoden zu schützen. Damit hatte Lange eine ganze Menge erreicht, nur nicht das, was er wollte. Das Zugeständnis war nicht das erwünschte Geständnis. Tatsächlich blieb seine Suche nach dem Verschwörernest vergeblich. Alle Quälereien konnten aus Elisabeth und ihren Gästen nichts entsprechendes zutage fördern.

Ein Weiteres erreichte diese Gegenüberstellung allerdings: Elisabeth betonte intensiver als vorher ihre eigene Schuld an dem Tee: *sie* hätte das politische Gespräch geplant und provoziert, *sie* hätte ihre allzu lebhaften Gäste hingerissen zu gewagteren Äußerungen, als sie sonst je gemacht hätten, *sie* allein trüge die Verantwortung für das Ganze. Wenn sie damit übertrieb, so tat sie es wissend. Lange glaubte ihr allerdings nicht. Weiter versuchte er mit allen ihm zu Gebote stehenden Mitteln, aus ihr und neben ihr vor allem aus Frau Solf und Herrn Kiep herauszupressen, was seine Anklage zu stützen imstande war.

Wochenlang ließ er den Gefangenen ausschließlich Kohlrübensuppe geben, die jetzt im Frühling, da der Körper nach Vitaminen verlangte, infam nach schlechter Kellerlagerung und Fäulnis schmeckte, so daß der Magen sich wehrte. Ferner ließ er Schlaftabletten verabfolgen, die eben Eingeschlafenen wecken und taumelnd vor sich bringen zu ausgedehnter Vernehmung. Den halb Betäubten saß die eilig übergeworfene Kleidung noch schief, was sie beschämte, und vor allem wurden die Aussagen unter Drogen ungenau, willenlos, falsch. Oder er ließ die Nacht vor einem Verhör die Gefangenen alle Viertelstunden mit Taschenlampen und Lärmen wecken. Er behielt Briefe und Pakete ein, wenn es ihn ratsam dünkte. Er beschnitt die Erlaubnis, Briefe zu schreiben. Er wechselte die vernehmenden Beamten; die Inhaftierten mußten immer noch einmal dieselben Vorgänge haarklein erzählen, bedeutungslose Abweichungen wurden herausgekramt und neu durchgenommen. „Der Thadden geben wir nächstens einen adligen Untersuchungsbeamten", äußerte er, „vielleicht kommt sie dann mit der Sache heraus." Oder ein anderes Mal: „Das Todesurteil ist ihr doch sicher: was sie sagt, ist egal."

Daß bei solcher Untersuchungshaft Zusammenbrüche an der Tagesordnung waren, ist verständlich. Sie waren das Ziel der Untersuchung, und Lange kalkulierte sie in seine Behandlung mit ein. Jeder der Gefangenen hat seine schweren Zusammenbrüche gehabt. Ganze Nächte lang haben wohlerzogene, kultivierte, selbstbeherrschte Menschen geweint und laut in der einsamen Zelle geschrien. Die Qual ging über die Kraft, nicht nur der Frauen. Selbst die unverwüstliche Rühle, die durch Charme, Klugheit und als Kollegin der Fürsorgerinnen manchen Praktiken besser gewachsen war, bekam eine Gefangenenpsychose. „Ich habe die ganze Nacht hindurch hilflos geheult." Hatte man das überstanden, war man leer und erstorben, aber in irgendeiner Weise immunisiert.

Auch Elisabeth überstand einen Zusammenbruch. Sie verfiel in eine langdauernde innere Starre. Aber: „Mir ist kein einziges Wort entschlüpft, das andere belastet hätte", konnte sie am letzten Erdentag ihrem Pfarrer diktieren. Welch eine ungeheure Leistung gegenüber erpresserischen und inquisitorischen Vernehmungsmethoden sich hinter diesen bescheidenen Worten verbirgt – wer von uns kann das ermessen?

Daß ihre Behauptung stimmt, ergibt sich aus dem Bericht des SS-Führers Huppenkothen 1953 über den „Fall": „Es gelang jedoch nicht restlos, die Zusammenhänge hinsichtlich der personellen und organisatorischen Zusammensetzung der Oppositionsgruppe zu klären." Es gelang nämlich – überhaupt nicht. *Das* allerdings mochte der SS-Bericht nun auch wieder nicht eingestehen. Im Gegenteil schnitt er ein wenig auf, wenn er rückblickend sagte: „Zwar stellte sich bereits während der Ermittlungen heraus, daß in der Führung der Opposition auf militärischem Gebiet der ehemalige Chef des Generalstabes, Beck, und auf dem zivilen Bereich der ehemalige Leipziger Oberbürgermeister und spätere Reichskommissar Dr. Goerdeler eine besondere Rolle spielten." Polizeiliche Maßnahmen gegen beide konnten aber „noch nicht verantwortet werden" – und das wollte viel heißen in dem System, in dem polizeiliche Maßnahmen jederzeit und in jeder Schärfe bei geringstem Anlaß verantwortet wurden! Es hieß genaugenommen: man wußte über diese Personen schlechterdings *nichts*.

Für die Gefangene schrumpfte die Außenwelt fast zur Bedeutungslosigkeit zusammen, sie war zeitweise einfach nicht mehr vorhanden, und es wurde gründlich dafür gesorgt, daß sie nicht mehr vorhanden sei: Zunächst war Elisabeth für die „draußen" einfach verschwunden. Hatte Frau Röhr immerhin noch ihren ersten Aufenthaltsort durch eine Indiskretion erfahren, so sollten Elisabeths Geschwister erst nach vierzehntägiger vorsichtiger Suche ungewisse Nachricht über ihren Verbleib erhalten. Schon das allein zu erkunden, erforderte besonderen Spürsinn, den ein Vetter aufbrachte:

„Heute, den 26. 1. 44, brachte ich in Erfahrung, daß Elisabeth nach Berlin gebracht ist. Hochverratsverdacht. Mehr kann ich Dir leider nicht mitteilen, denn hier ist alles mit einem Geheimnis umhüllt."

Zwei aus dem Trieglaffer Geschwisterkreis gefangen! Die anderen weit verstreut, für eigene Familien verantwortlich, jedes in seine Arbeit gespannt, ohne die Möglichkeit, sich unüberwacht mit den andern verständigen zu können. Reinold außerdem durch jahrelange führende Stellung innerhalb der oppositionellen Bekennenden Kirche gefährdet, Anzas Sohn auf einem Schnellboot im Kanal – das war die Lage. Letzterer erhielt beim Anlaufen des Hafens Saint-Nazaire Feldpost und mit ihr die Nachricht von der

Verhaftung der Mutter, nahm Urlaub nach Berlin, ging von Behörde zu Behörde, von Ministerium zu Ministerium, schlug schließlich einen förmlichen Krach, er ginge nicht wieder an die Front, solange seine Mutter festgehalten würde; einer ihrer Söhne sei schon für Deutschland gefallen; er dulde nicht, daß sie in Haft bliebe; kurz: er haute sie unerschrocken heraus. Anza wurde als erste im März wieder auf freien Fuß gesetzt, sie hatte sich lediglich als Zeugin bereitzuhalten.

Geringe Kontakte der Gefangenen untereinander erhalten in Einzelhaft unvergeßliche Bedeutung. Sie sind zählbar.

Ein plötzliches Wiedersehen auf einer Bank im Gefängnishof vor einem Abtransport: Rühle und Braune.

Eine auffallend schöne Dame, in Nerz gehüllt, im Korridor zwischen den Zellen von ferne gesehen: Frau Kiep.

Ein fremder Häftling beim Rundgang im Hof in Ravensbrück: „Gnädiges Fräulein?" Werner Schulenburg – nach dem 20. Juli – hielt Rühle für Thadden, deren tapfere Haltung bekannt war und von vielen bewundert wurde.

Eine freundliche Beamtin brachte Grüße von Kiep zu Kiep – die einzige Verbindung zwischen den Eheleuten. Hier wurden nur Nachnamen gerufen ohne Titulatur.

Eine Ritze in Rühles Tür: gegenüber befand sich Thaddens Zelle. Wie oft wurde sie – meistens nachts – zum Verhör abgeholt! Ein Fenster zum Hof, ein Tisch in der Zelle. War die Wache – stündlich – vorbeigegangen, hastig den Tisch unters Fenster gezogen! Draußen traf grade eine „Grüne Minna" ein: Thadden kam vom Verhör, sichtlich erledigt.

Auf einem Hocker stehend, sah durchs Oberlicht ihrer Tür Frau Solf in den Gang. Man führte Bernstorff vorbei, von zwei Wärtern gestützt, blutbefleckt sah er doch lächelnd zu ihr auf. Früher war er ein charmanter Genußmensch, jetzt hatte sie „niemals einen Ausdruck solchen Leidens und solcher Entschlossenheit gesehen; ich werde das nicht vergessen, bis ich sterbe".

Eine Erlaubnis, eine einzige in sechs Monaten, für Thadden und Wirth: mit Beamtin zum Lagerfriseur zu gehen. Kein Wort, aber einige Zeitschriften. Thadden schob Wirth unbemerkt ein Weihnachtsblatt, Monate alt, hinüber und wies auf zwei Zeilen: „Es ist ein Ros entsprungen / Aus einer Wurzel zart..." In einem entchristlichten Dasein, in einem sonst sorgsam entchristlichten Blatt. Es klang in beiden tagelang fort zwischen den Wänden der Zelle: „mit seinem hellen Scheine vertreibt's die Finsternis".

Ein unverwüstlicher Belgier pfiff viele fröhliche Lieder, obgleich er öfters geschlagen wurde. Rühle hörte es in ihrer darüberliegenden Zelle. Beim Rundgang warf er ihr manchmal Kußhände zu – für ein kleines Lächeln.

Gemeinsamer Transport Bernstorffs und van Scherpenbergs; des ersten Untersuchungshaft hatte ein halbes Jahr eher begonnen und sollte um Monate später enden – mit seiner plötzlichen Erschießung, während van Scherpenberg ins Zuchthaus Landsberg kam.

Eine Gabe von Langbehn durch Beamtin an Thadden. Langbehn war schon vor ihr verhaftet, September 1943, nachdem er zugleich im Auftrag des Reichsführers SS Himmler und der Opposition heimlich Friedensfühler ausgestreckt hatte. Er wurde von Himmler fallengelassen: Himmler verhinderte nicht – oder bewirkte –, daß Langbehn im Oktober 1944 als „Landesverräter" hingerichtet wurde. Wenige Monate später wurde er selber wegen seiner Waffenstillstandsverhandlungen mit Bernadotte in Gelbensande von Hitler als Verräter bezeichnet. Auch Göring war da schon „Verräter" – wo fing Verrat an? Wo hörte er auf, als Hitler dann Gift nahm? Denn nach glaubhaftem Zeugnis war sich Hitler ja seit 1942 klar darüber, daß er das Volk in den Untergang führte, er überspielte nur seine Erkenntnis.* Langbehns Gabe war eine behutsame Huldigung an Elisabeths Tapferkeit – vielleicht auch an ihre Unschuld in Sachen „Landesverrat."

Elisabeth mied von sich aus jeden Kontakt mit ihren gefangenen Freunden – soweit sie überhaupt von deren Gefangenschaft wußte. Jene von Lange herbeigeführte Gegenüberstellung mit ihrem „Kreis" stürzte sie aber in die durch ihre Isolierung vollends unerträglichen Selbstvorwürfe. Sie hatte von je spontan und gern eingelenkt, sowie sie einen Fehler in ihrem Verhalten erkannte. Nun kritzelte sie auf kleine Abrisse von Papier eng einige Worte – an jeden ihrer Gäste und Freunde, an einige wiederholt: sich selber anklagend, nicht sich entschuldigend, Verzeihung erbittend.

Die Beamtinnen wurden mehrfach ausgewechselt. Fast alle waren recht sachlich. Manch eine war mehr: ein Mensch mitten im Unmenschlichen. „Vor allem H. P. hat uns geholfen, indem sie uns Mut zusprach, mal einen Gruß übermittelte oder erzählte, wie es den andern ging. Ihren Dienstweg hat sie absolut eingehalten, aber sie war menschlich und gütig, und das war viel nach allem, was wir

---

* Percy Ernst Schramm: Hitler als Feldherr.

erlebten." Sie überbrachte Elisabeths Zettelchen an die Mitgefangenen. Kein Stück Papier davon ist erhalten. Eben gelesen, flogen sie in den Kübel, der in der Zelle das einzige war, was durch die Bewacher – während man beim Rundgang, Arzt oder Verhör war – nicht von oben bis unten durchgekramt werden konnte. Eine Grußbestellung von Kiep, eine andere von Rühle, eine Portion Tee und regelmäßiger Sonntagsgruß von Wirth, nach und nach von jedem ein Wort, und von Solf sogar etwas aus ihrem Paket, grüßten Thadden wieder.

Die Beamtinnen fühlten sich selbst überwacht. Kontakte persönlicher Art waren lebensgefährlich. Im Rahmen ihrer Befugnisse tat manche von ihnen, was sie konnte, brachte etwa Thadden aus Berlin eine Flasche Rotwein mit, denn Thadden hatte Frühjahr und Sommer viel mit Darmgeschichten zu tun; nervliche Überbeanspruchung und absichtlich schlechte Ernährung wirkten zusammen. „Ich habe", sagte sie aber, „trotzdem immer alles gegessen, um mich bei Kräften zu halten." Nach jenem tiefen Nervenzusammenbruch besorgte die Beamtin ihr auf eigene Kosten und Gefahr an ihrem freien Nachmittag ein Mittel zum Schlafen. Medikamente zu verabfolgen ohne Anordnung der Vernehmungsleitung war aufs strengste verboten. So riskierte sie viel.

Ihr erzählte Elisabeth aus ihrem Leben und von den Orten, die sie liebte: Wieblingen, Trieglaff, Elmau, der Schweiz. Sie bat die Beamtin, Botschaft an Bianca irgendwann weiterzugeben und ihr zu sagen, wie sie, Elisabeth, das Geschehene aufnahm. Sie fühlte über Grenzen und Gefängnismauern hinweg, wie Bianca litt unter ihrer Verhaftung und wie sie erst leiden würde, wenn –.

Soweit dachte Elisabeth nicht, sie lenkte sich im Gegenteil mit den schönen Erinnerungen ab. Ihr Lebensmut und ihre Hoffnung auf – wenn auch späte – Entlassung waren ungebrochen.

Diese Beamtin „hatte Fräulein von Thadden verehrt wie ihre eigene Mutter". War es ein Wunder, daß sie an ihr zu eigener Tapferkeit wuchs? Sie wurde später wegen zweimaliger Beihilfe zur Flucht strafversetzt, unter Gestapoüberwachung gestellt und bekam einen Prozeß vor dem SS-Polizeigericht angehängt. Sie wehrte sich mutig und kenntnisreich durch fünf Stunden, so daß Richter und Staatsanwalt sich zu streiten begannen. „Was hätten Sie an meiner Stelle getan?" fragte sie.

Beamtinnen, denen die Gefangenen etwas anvertrauen konnten, waren selten; sie wagten das Leben. Aber auf eine Anzahl von ihnen hat Elisabeths Persönlichkeit eine sehr starke Wirkung gehabt.

Barschen und bösen Beamtinnen gegenüber konnte sie sehr gehemmt sein – die Ratlosigkeit dessen, der solche Behandlung von Menschen untereinander einfach nicht kennt. Aber immer spielte ein wenig in ihrem Verhalten die interessierte Hinwendung des Pädagogen zu den Mißratenen mit. Sie machte bewußt und unbewußt psychologische Studien und beschäftigte sich mit der Frage, welche Umstände diese und jene so hart gemacht haben mochten. Und manche persönliche Schärfe, manchen schroffen Charakter trug sie, so gut es eben ging, mit Humor.

In Ravensbrück durfte Elisabeth das erste Zeichen in die Außenwelt senden. Auf Gefängnispapier hatte es Häftlingen zwar immer nur „gut" zu gehen. Aber sie konnte einige Wünsche ausrichten: nach Bleistift, Tinte, Toilettegegenständen und Büchern. Darauf schickte ihr das Präsidium des Roten Kreuzes Zivilkleidung in die Haftanstalt und nahm ihre Tracht mit fort.

Anzas Entlassung brachte Einzelheiten des Gefängnislebens unter die Verwandten – damit zugleich aber Hoffnung auf Freiheit auch für die andern. Jedenfalls erkundete Anza Derartiges schon im März und schrieb an Ehrengard:

„Ich war gestern noch einmal auf dem Alex, diesmal freiwillig. Die Sensation wollte ich mir doch gönnen! Ich sprach mit einer unserer so sehr netten Polizeibeamtinnen, die inzwischen aus Ravensbrück wieder zurückversetzt wurde an ihre Dienststelle. Sie meinte, daß in zwei bis drei Wochen unser ganzer Verein herauskäme. Herrlich, nicht wahr? Elisabeth wäre doch auch nicht sonderlich belastet. Sie müßte nur in Zukunft mehr den Mund halten. So erübrigt sich Dein geplanter Besuch sowieso ... Inzwischen habe ich mich wieder zu einem normalen Menschen zurückentwickelt ... besonders seit der gestrigen guten Kunde. Die längere Haft der andern lastet doch zu sehr auf mir. Schreibe mir mal, was aus Elisabeth werden soll? Die Frage ist doch akuter, als ich vor ein paar Tagen dachte ... Nicht mal ein eigenes Heim hat sie, wo sie unterschlüpfen kann! ..."

Elisabeth hatte, bevor sie nach Frankreich ging, ihre Sachen nach Schönfließ und Trieglaff geschickt, um sie nicht ungeschützt unter den Luftangriffen auf Berlin stehen zu lassen. Anza fügte ihrer Nachschrift unbeirrt einen politischen Witz über die Luftangriffe hinzu: „›Weiß Ferdl‹ soll gesagt haben, jeder Teil solle lieber für sich selbst alles in Klump schlagen, dabei spare man doch das Benzin."

Die Geschwister kannten den Apparat nicht viel besser als Elisabeth selbst. Sie schrieben ihr reichlich und liebevoll und ließen sie an allen Familiennachrichten der verzweigten Verwandtschaft teilnehmen, sie stellten auch die Verbindungen her, die Elisabeth nicht selbst pflegen konnte, da das Schreibendürfen so sehr beschränkt war. Mit den wenigen erlaubten Paketen an Elisabeth war es ein bißchen wie früher auf Trieglaffs Weihnachtstischen: Bücher rangierten vor materiellen Genüssen.

Elisabeth schrieb an die Geschwister abwechselnd, nur einer der Briefe scheint erhalten zu sein. „Willst du heute mein Sprach- und Schreibrohr sein und erklären, warum?" Und dann steckte der ganze Brief, zwei Seiten lang, voller Grüße, Aufträge, Stichworte, Dank für Bücher und Sachen, die sie einzeln herzählte und einzeln genoß: „sehr gerührt und schreibgesichert über den wirklich funktionierenden Bleistiftanspitzer", den Barbara (die zweite Frau ihres Vaters) ihr aus Vahnerow zusammen mit Marmelade schickte. Sie hoffte auf einen Besuch Etas. „Schön wäre es, wenn die Erlaubnis gegeben würde – aber man lernt's auch so." Am längsten verweilte sie bei der jungen Generation: „Lies ihr, wie ich an ihrer Verlobung teilnehme, richtig glücklich über etwas von Grund auf Gutes!" Sie sah die „beiden vor sich in schlichter, echter Vornehmheit ohne Schein... in Lauterkeit, die eine Atmosphäre des Echten und Guten allen Menschen sein wird, die daran teilnehmen werden..." Sie zählte die Bücher auf, mit denen sie von ihrem Vetter Hans-Hasso von Veltheim und anderen versorgt wurde und die ihr nun Zellengesellschaft leisteten. Goethes Italienische Reise beglückte sie (kannte sie doch die Orte), und Faust traf sie „im Innersten". Malte Laurids Brigge, Deutsche Gedichte und Bruno Goertz „sind vielversprechend zum darüber Nachdenken, das ist schön". Rilkebriefe und Aktuelles über Afrika und Indien – das alles umgab sie, eine kleine Bibliothek. Sie grüßte des Bruders kranke Frau und empfahl „immer mal etwas Weißbrot, das hilft sehr". Über das eigene Befinden nur mittendrin eine Notiz: „bei dem kühlen Wetter in Hals, Kopf und Schlund recht erkältet, da war mir alle Post besonders tröstlich!" Und eine ebenso beiläufige Bemerkung über die Zustände im „Strafbunker": „Wir sind ganz unter männlicher Versorgung männlich funktionierend."

Ihre Art zu schreiben war gedrängter, telegrammstilhafter, auch sichtlich enger als früher, um den einzigen erlaubten Bogen zu nutzen, aber die Schrift blieb klar und fließend, sie zeigte nichts von Gebrochenheit.

Eine besondere Kraftquelle waren für sie in dieser Zeit die Briefe Verwandter aus Doberan, der Johanniterschwester Miez und der früheren Pröpstin von Stift Altenburg, Hildegard von Thadden (der ehemaligen Prinzessin-Erzieherin). Beide standen im Brennpunkt der Bekennenden Kirche in ihrer Stadt und Mecklenburgs überhaupt. Vor allem die Pröpstin, eine bedeutende Frau, sah Elisabeths Haft in einem größeren Zusammenhang urchristlicher Prägung und half Elisabeth damit über die Zeit schwerster Selbstvorwürfe hinweg. In der schrecklichen seelischen Erstarrung, die Elisabeth wochenlang durchmachte – ihr verzweifelter Gesichtsausdruck, ihre verzweifelten Augen sprachen allzu deutlich davon –, bedeuteten die Bibelworte, die die Pröpstin ihr wachrief, viel. „Von ihren Briefen habe ich gelebt." An der Seelenstärke der Geistesverwandten fand Elisabeths bedrängter Glaube Halt und Mut.

Eine weitere Stärkung bedeutete ihr die geistige Verbindung mit Hans-Hasso von Veltheim, dem Schöngeist und Forscher, der sich fernöstlichen, vornehmlich indischen Religionen und Kulturkreisen zugewandt hatte. Seine Briefe waren darauf abgestimmt, ihr den Sinn ihres Leidens für ein inneres Wachstum und die Verflochtenheit ihres eingesperrten Ichs mit jenseitigen Kraftquellen zu zeigen.

Wieweit konnte man von außen über die briefliche Verbindung hinaus den Gefangenen helfen? Die Berliner gute Gesellschaft war durch den Fall aufgestört, aber hilflos, die Opposition als Ganzes beängstigend nahe betroffen, aber noch nicht zu wirkungsvollem Schlag fähig geworden.

Ein Begebnis illustriert die Vorsicht, die man anwenden mußte:

In der U-Bahn trafen sich in jenen Monaten zwei Bekannte. Sie grüßten gemessen und begannen, eng zwischen Fremde gequetscht, ein verhaltenes Gespräch: „Haben Sie gehört, daß unsere Freundin Hanna ... krank ist?" Gemeint war Frau Solf. Pause. Und dann: „Unser Freund Otto ist auch noch – krank"? – „Ja, noch immer sehr krank." Pause. „Und Elisabeth?" – „Sie ist sehr – krank." Pause. „Es sind jetzt so viele – krank." Lange Pause. Dann zögernd: „Wie geht es Ihrem Mann?" – „Auch er ist immer noch – krank." – „Schlimm?" Darauf ernstes Schweigen. Der eine der beiden Fahrgäste war Hans Ulrich von Hassell, der andere van Scherpenbergs Frau.

War die Verbindung mit ihrer Familie für Elisabeth auch eine Erleichterung, so bedeutete doch die Sorge um die rechtlichen Fragen, die ganz im argen lagen, eine Erschwernis. Zunächst: Wer in den Händen der Gestapo war, hatte kein Recht. Anwälte wurden während der Zeit der Ermittlung in Ravensbrück noch nicht zugelassen. Kümmerten sich Verwandte oder vor allem Firmen sehr nachdrücklich um den Fall eines Gefangenen und lag der Fall nicht zu „schwer", so hatte der Häftling möglicherweise Glück.

Frau Solfs Sohn war im Feld. Er bekam keine Erlaubnis, Mutter und Schwester in der Haft zu besuchen, und fiel in Rußland.

Reinold von Thadden-Trieglaff hatte in Löwen seinen Dienst als Feldkommandant zu tun. Aus seiner Stellung als Besatzungsoffizier versuchte er das Beste zu machen, so daß nach dem Krieg die Bevölkerung von Löwen mit sichtbarer und überraschender Dankbarkeit seiner gedachte. Erlaubnis, die Schwester zu besuchen, bekam er nicht. – Bianca erfuhr erst um diese Zeit, wozu ihr Brief mißbraucht worden war. – „Nimm dich dieses jungen Mannes an!" – In ihrer Naivität versuchte sie, nach Deutschland zu kommen, um Elisabeth zu entlasten. Ihr Neffe, ehemals Mitarbeiter Burckhardts in Danzig, hinderte sie mit Mühe daran, und tatsächlich hätte sie nicht helfen können.

Frau Solfs versierte Berliner Bekannte hatten sich wenigstens sofort nach der Verhaftung des besten Anwalts, der nach ihrer Erfahrung beim Volksgericht zugelassen war, für sie versichert, des Rechtsanwalts Dix. Das gleiche tat fast ebenso früh Frau van Scherpenberg und konsultierte für ihren Mann dessen Bruder Hellmut Dix, der schon Moltkes Fall übernommen hatte. Beide erfahrenen Anwälte hielten die Angehörigen ihrer Mandanten an, jeden Kontakt, auch den geringsten, mit den übrigen Teegästen und deren Nächsten zu vermeiden. Sie hielten sich – unter bitteren Kämpfen – daran. Sie wurden darüber hinaus belehrt, es gäbe keinen unüberwachten Moment, nicht für die Gefangenen, nicht beim Besuch, auch nicht, falls allein, beim Besuch ohne Beamten – und keinen unüberwachten Moment im eigenen Leben der Familie: Telefonate, Reisen, Bekannte, Boten. Darum: Kein freies Wort und keine Verbindung!

Elisabeths jüngste Schwester Ehrengard, entschlossen und praktisch – Elisabeth am ähnlichsten unter den Schwestern –, hatte kleine Kinder und lebte in Göttingen. Von dort nach Berlin und Ravensbrück war es damals weit – bei Kohlenmangel der Reichsbahn und unter Bombenregen viel weiter, als die Fahrkarte auswies. Zuerst sagte man überdies, Elisabeth „brauchte" noch keinen Anwalt, die Ermittlungen liefen ja erst. Als Nicht-Berlinerin hatte sie nicht die Erfahrung und Zielbewußtheit in solchen Fällen wie die Freunde Frau Solfs, um es ihnen gleichzutun. Sie verließ sich auf die offizielle Zusage, daß sie rechtzeitig Nachricht erhalten würde, um einen Anwalt für ihre Schwester zu bestellen.

„Rechtzeitig", stellte sich später heraus, war amtlich drei Tage vor dem Termin.

Im Namen des Volkes

In der letzten Juniwoche 1944 wurde den Häftlingen die Anklageschrift zugestellt und für den 1. Juli, einen Sonnabend, früh um 8 Uhr im Hotel Eden, Bellevuestraße, Termin anberaumt.

Kiep hatte jede Hoffnung längst aufgegeben.

Van Scherpenberg war sich klar, es ging um den Kopf. Er wußte nicht, und seine Frau konnte es ihm nicht sagen, was sie herausgehört hatte: daß seine Anklage weniger schwer als die anderer war. Er durfte bisher nicht einmal wissen, daß sie seit Monaten einen der besten Anwälte für ihn gesichert hatte.

Frau Solf hatte den älteren Dix und van Scherpenberg seinen jüngeren Bruder, der später Moltkes – machtloser – Verteidiger war.

Ehrengard Schramm bemühte sich um einen Rechtsbeistand für Elisabeth. Man empfahl ihr den am Volksgerichtshof zugelassenen Rechtsanwalt Masius.

Mitte Juni hatte er ihr gesagt: „Ich kann erst etwas tun, wenn die Anklageschrift zugestellt ist. Ist das geschehen, dann brauche ich acht Tage, um die Verteidigung vorzubereiten, schon der Formalitäten wegen. Eben muß ich auf acht Tage beruflich nach Süddeutschland, hinterher stehe ich zur Verfügung." Die weiteren Eröffnungen konnten nicht schlimmer sein, als sie waren, und waren doch für Ehrengard, die mit all diesen Dingen gar nicht vertraut war, notwendig zu wissen: „Wenn Ihre Schwester vor den ersten Senat, vor Freisler, kommt, dann ist es im vornherein hoffnungslos. Aber Sie machen ein Gnadengesuch. Bei einem andern Senat wäre – vielleicht – Aussicht. Uns Anwälten sind ganz die Hände gebunden. Wir können höchstens seelsorgerlich auf sie einwirken, falls wir sie besuchen dürfen." Wie eine Riesenlast fiel Elisabeths Schicksal auf Ehrengard.

Sie erinnerte sich plötzlich eines schweren Traumes, der sie Mitte September 1943 – das Datum war das eines eintägigen

Urlaubs ihres Sohnes – so sehr beunruhigt hatte, daß sie ihn am nächsten Tag einem Kollegen ihres Mannes, der sich nebenbei mit Psychologie beschäftigte, erzählte: Vor einem staatlichen Monstergericht stand Elisabeth unter vielen Personen in furchtbarer Einsamkeit. Es wurde nicht ausgesprochen, aber Ehrengard fühlte es: alle Umstände sprachen gegen sie. Zeugen traten auf. Es waren nicht klare Bilder, es war nicht Anfang noch Schluß der Verhandlung zu sehen – nur ein übermächtiger Gerichtshof und das undurchschaubare Verhängnis. Seltsamerweise fiel ein gnädiges und völliges Vergessen über den Traum, bis nun, Ende Juni 1944, das Unterbewußtsein ihn wieder hervorschleuderte.

Als die Anklageschrift zugestellt wurde, befand sich Masius noch in Süddeutschland. Ehrengard bekam durch den Volksgerichtshof rasch einen Pflichtverteidiger für Elisabeth zugewiesen. Er wurde nicht zu der Angeklagten gelassen. Diese sah ihn bei der Verhandlung das erste Mal! Ihre Anklageschrift vor dem Termin auch nur zu lesen, gab die Gefängnisverwaltung Elisabeth keine Zeit und Möglichkeit. „Ein Hohn, das überhaupt ein Gericht zu nennen!"

Rechtsanwalt Kunz verteidigte einige Wochen später den Kommandanten von Berlin, Paul von Hase – falls man seine charakteristisch charakterlose Rede als Verteidigung zu bezeichnen vermag. Jenes spätere Plädoyer ist zufällig mit einigen anderen in einem Tonband* erhalten und gipfelte bezeichnenderweise in Folgendem: „Ich habe dem Angeklagten auseinandergesetzt, daß meine Aufgabe nicht darin bestehen kann, irgendwelche Paragraphen zu finden oder daran zu deuten, objektiv oder subjektiv irgendeinen Tatbestand herauszusuchen. Ich stimme, meine Herren Richter, mit den Herren Vertretern der Anklage überein, daß es gar nicht notwendig ist, hier juristisch etwas zu untersuchen. – Ich habe darauf hingewiesen, daß überall, in allen Stämmen, und sei es in den entferntesten Stämmen der Kaffern in Afrika, die Grundregel besteht, daß, wer sich an dem Staatsoberhaupt vergreift, auch nur in der geringsten Form – sei es auch nur in einer Tätigkeit, die es will –, des Todes ist." Damit stimmte er den Anklägern ohne Untersuchung des Tatbestandes zu und hielt sich mit Paragraphen erst gar nicht auf.

Dieser Mann hatte früher enge Verbindung zu Stresemann gehabt, war aber schnell ein so anpassungsfähiger NS-Parteigenosse

---

* Vom Hausarchiv des deutschen Rundfunks in 250 Exemplaren hektografiert.

geworden, daß er schon 1934 beim Volksgericht zugelassen wurde – wie er in dem Plädoyer »für« Hase ausführte.

Sogar „alte Kämpfer" der Partei schwiegen verlegen, wenn er seine nationalsozialistischen Ausführungen in privatem oder dienstlichem Kreis machte. Das war Elisabeth von Thaddens Anwalt.

Man müßte hier einen Blick in die Geschichte des deutschen Rechtes in diesen zehn Jahren werfen. Die Ablösung eines schematischen, objektivistischen Rechts der bürgerlichen Epoche durch ein „dem deutschen Volksempfinden gemäßeres" Recht wurde zuerst in aller Ahnungslosigkeit von weiten Kreisen begrüßt. Tatsächlich hatte das Recht nicht Schritt gehalten mit der sozialen Entwicklung, besonders augenfällig war das im Familien- und Güterrecht. Das hatte jedoch zum geringsten Teil mit Begriffen wie „deutsch" oder „römisch" zu tun.

Die Parteiführung machte sich die Entwicklung einfach zunutze. Zu spät sah das Volk den Pferdefuß: An feststehende Rechtsnormen zu rühren – und seien sie einstweilen „schematisch" – bedeutet, dem Unrecht rechtlich den Weg zu ebnen und Ungesetzlichkeiten durch Gesetze zu stützen.

Ebenso wie die „verschärfte Vernehmung" zu einer erlaubten Polizeimaßnahme erklärt worden war, war auch das „gesunde Volksempfinden" – ein manipulierbarer, vieldeutiger Begriff – als entscheidender Faktor in wichtige Gesetze eingefügt worden. Überdies hatte sich Hitler 1934 selber ernannt: „In dieser Stunde war ich des deutschen Volkes oberster Gerichtsherr." Er blieb es. Recht aber entsteht nicht durch Macht. Allerdings auch nicht – die Kehrseite des Irrtums – durch Meinungsforschung. Es entstand ein im höchsten Grade materialistisches Recht, das sich faltenreich-mystisch verkleidete: „Recht ist, was dem Volke nützt." Besonders das Volksgericht, 1934 gegründet, sonderte aus, was „nicht nützte": den „Schädling". Er sollte „nicht nach dem Ausmaß seiner *Tat*, sondern nach seiner zutage getretenen *Gesinnung*" (Hitler) verurteilt werden. Des Diktators Definition des Landesverrats war ebenso unklar: „Landesverrat treibt, wer sich gegen Deutschland erhebt." Gegen welches Deutschland?

Die Entwicklung dieser Rechtsnorm lag seit 1936 in den Händen des Staatssekretärs im Justizministerium, Dr. jur. Roland Freisler. Einer der beim Volksgericht zugelassenen Anwälte berichtet: Freisler war im ersten Weltkrieg Reserveoffizier, kam früh in russische Gefangenschaft, schloß sich dort der kommunistischen

Partei an und wurde in ihr Funktionär: Kommissar. Eine weitere Ergänzung besagt, daß er an großen bolschewistischen Schauprozessen der zwanziger Jahre teilgenommen und „gelernt" hatte. Ende der zwanziger Jahre kehrte er zurück, ließ sich als Anwalt in Kassel nieder und schloß sich dort der nationalsozialistischen Partei an. Er besaß – selbst zusammengetragen – die umfassendste Sammlung atheistischer Literatur, angefangen von im frühen Mittelalter an der Sorbonne gedruckten Werken bis zur Literatur der Gegenwart. Für seine Auffassung des Richterberufs war bezeichnend, daß nicht einmal ein Strafgesetzbuch zur Hand war, als während einer seiner Gerichtsverhandlungen eines gebraucht wurde: bei Moltkes Verhandlung wurde im ganzen Haus keines gefunden. Die Angeklagten waren für ihn nur Gegenstand seiner „schillernden Schimpfkanonaden".

Genau vierzehn Tage vor dem Solf-Kiep-Thadden-Termin hatte Freisler zwei andere aus dem Kreis Solf, Halem und Mumm, zum Tode verurteilt – eine Tatsache, die alle Mitwisser der Opposition aufs tiefste verstörte und zu rascherem Handeln zwang.

Am frühen Morgen des 1. Juli 1944 wurden die „Zeugen in Haft" aus dem Gefängnis in die Bellevuestraße, wo das Volksgericht tagte, verbracht, so unter anderen Fräulein Wirth und Frau Rühle. In einem Nebenraum warteten sie, bis sie vorgeführt wurden. Dort hatten sich auch pünktlich die Zeugen auf freiem Fuß einzufinden, unter anderen Elisabeths Schwester Anza. Vor dem Haus fanden sich Elisabeths und Anzas Geschwister Reinold und Ehrengard mit einigen Verwandten, so dem Ehepaar von Veltheim aus Schönfließ, zusammen.

Wir wissen nicht, wie Elisabeth den Schrecken gemeistert hat, der sie überfallen haben muß: die Anklageschrift erhalten, kurzfristiger Termin – und sie stand ohne Anwalt oder überhaupt nur Beratung da!

Elisabeth von Thadden hatte Inge van Scherpenberg sehr nahe gestanden. Trotzdem war es dieser monatelang verboten, etwas für sie zu tun. Nun da die Voruntersuchung abgeschlossen und die Verantwortung für das Schicksal ihres Mannes in die Hand seines Anwalts gelegt war, fiel in bezug auf ihn eine Zentnerlast von ihr ab – nicht aber in bezug auf Elisabeth.

Sie wußte seit Monaten, daß die Beschuldigungen gegen Kiep, Thadden und Solf schwerer als gegen den Gatten, wahrscheinlich tödlich waren. Sie hatte ihr Wissen schweigend und hilflos tragen müssen.

Nachdem sie am Donnerstag – wie Eta – die Mitteilung „Termin am Sonnabend" erhalten hatte, fuhr sie zu einem Freund der Familie Thadden nach Lichterfelde. Konnte sie schon Elisabeth nicht helfen, ohne den eigenen Mann dem Henker in die Hände zu liefern, so blieb doch ein Freundschaftsdienst, den bestimmt für die Angeklagte sonst keiner tat. Sie stellte sich vor. „Wir haben uns früher einmal bei Anna von Giercke gesehen, und Elisabeth sagte, sie seien der beste Freund ihres Bruders. Darum muß ich Ihnen sagen – die Familie scheint ganz unvorbereitet –, Sonnabend wird Elisabeths Fall vor dem Volksgerichtshof verhandelt. Sie muß mit dem Todesurteil rechnen."

Der Freund war fassungslos: „Aber ich stehe doch mit der Familie in dauerndem Kontakt. Es ist alles in Ordnung, sie ist nicht sehr schwer belastet." – „Das alles mag stimmen. Aber was ich Ihnen sagte, stimmt – leider – auch. Bitte benachrichtigen Sie Reinold, damit er am Sonnabend kommt – Sie oder einer aus Ihrem großen Bekanntenkreis."

Er erschrak. „Das – kann ich ihm nicht zumuten." – „Aber ich weiß: Elisabeth hat für ihren Bruder gekämpft, früher um Trieglaff und später – bis jetzt. Wenn *sie* ihr Todesurteil durchstehen muß, lassen Sie den Bruder bitte durchstehen, ihr nahe zu sein. Sie wissen, wie sie ihn liebt und er sie." – „Das kann ich nicht." Er selbst und seine Freunde, ein großer Kreis, sie seien alle zu exponiert, sagte er. Er wagte es nicht.

Sie ging zwar enttäuscht, schwor sich aber: „Jetzt holst du ihr ihren Bruder ran!" Einem ihr bekannten Offizier im Wehrwirtschaftskommando in Schlachtensee sagte sie, worum es ging: Gronau, mutig – für Thaddens ein wildfremder Mann –, rief Reinold persönlich an und nahm, um van Scherpenberg in nichts zu gefährden, die Sache auf sich: „Ich bin ganz dringend von Freunden gebeten worden – Sie müssen kommen." Und Reinold kam.

Außerdem fand sich ein fremdes Ehepaar ein. Frau Ruth Wagner-Nigrin war tags zuvor von Hans-Hasso von Veltheim aus Ostrau nach Berlin zurückgekehrt, wo ihr Mann beim OKW Dienst tat. Fast regelmäßig, wenn er mit Luftschutzdienst an der Reihe war, sie also bei den Luftangriffen allein hätte zu Hause sein müssen, fuhr sie nach Ostrau, um eine Nacht ohne Alarm durchzuschlafen und Lebensmittel mit nach Berlin zu bringen.

Beim Abschied hatte Veltheim sie gebeten: „Seien Sie so gut, und hören Sie sich morgen den Prozeß", von dem man ihn rasch benachrichtigt hatte, „mit an, und erzählen Sie mir nächstes Mal davon." Beiläufig. Denn es ging ja bestimmt alles in Ordnung. Elisabeth hatte nichts verbrochen.

Daß auch Ruth Wagners Mann kommen konnte, verdankte er dem Interesse des OKW an der Sache Thadden-Kiep wegen Moltkes. Diesem Paar verdanken wir einen genauen Bericht über den Verlauf des Prozesses, gleich danach unter unmittelbarem Eindruck niedergeschrieben. Mit Erlaubnis Frau Wagners geben wir ihn in seinen sachlichen Teilen in Anführungsstrichen wieder als Eindruck einer nicht befangenen Zuschauerin.

Am Tage vorher hatte die Eintrittserlaubnis beim Bürovorsteher des Volksgerichtshofs abgeholt werden müssen. Näselnd waren die Angehörigen abgefertigt worden: „Plätze? Das kann ich Ihnen nicht sagen, meine Dame – Angehörige werden auch zugelassen, meine Dame – ich würde Ihnen aber raten, meine Dame, daß Sie schon vor 1/2 8 Uhr da sind – wir arbeiten nämlich für das Publikum –." Ein Schauprozeß, bewußt eine Schau: vor einem halben Jahr noch hätten die Machthaber gern die Neuigkeit über eine Verhaftungswelle erstickt. Nachdem ganz Berlin im Flüsterton davon sprach, flohen sie nach vorn, in die Öffentlichkeit – aber wohlweislich in eine Öffentlichkeit des Scheins, denn: „Der Sturm auf die 150 Plätze des verhältnismäßig kleinen Saales beginnt bereits. Kein Fremder wird hineingelassen, nur geladene Gäste. Das sind zu ungefähr einem Drittel zufällig in Berlin anwesende und hierher beorderte Frontoffiziere und Vertreter von Offiziersschulen." In dem Katastrophenjahr 1943 war ja der nationalsozialistische Führungsoffizier erfunden worden. „Ein Drittel vertritt durchweg jüngere Mitglieder einer politischen Führerschule, und das letzte Drittel füllt die Gestapo, hauptsächlich jene Beamte, die bei diesem Prozeß bereits ganze Arbeit geleistet haben, vielleicht auch noch neue Fäden weiterverfolgen sollen, im allgemeinen aber doch wohl gekommen sind, um ihr Werk zu bewundern." So war auch Kriminalrat SS-Führer Lange mit seinen Mitarbeitern im Saal.

„Die wenigen Verwandten der Angeklagten erhalten nur mit Mühe Einlaß. Mein Mann und ich lassen uns nicht verscheuchen. Nicht aus Sensationsgier. Nun da wir wissen, daß es um Leben oder Tod geht, wollen wir unter allen Umständen Elisabeth von Thadden nahe sein. Wir bleiben als letzte und einzige hartnäckig an der Tür stehen, mit zwei ausgeborgten Stühlen bewaffnet, und erzwingen uns dann doch noch den Einlaß. Mittlerweile ist es 8 Uhr 30 geworden. Der Beginn verzögert sich, weil ein noch fehlender Beisitzer nicht aufgetrieben werden kann."

Richter sein heute und hier?

„Unsere Umgebung: um uns alles Gesichter des Dritten Reiches: hart, gefühllos, roh, doch hohle Marionetten. Wie Flammen, auffallend stark spürbar, sind mitten unter ihnen die Handvoll *Menschen*, die Angehörigen. Auffallend ist auch vorne der Tisch der Verteidiger. Die beiden Köpfe der Brüder Dix haben noch Format, das sich durchzusetzen gedenkt..."

Die Angeklagten waren zu sechst aneinandergefesselt hereingeführt worden, man hatte sie der Einfachheit halber gleich nach der Schwere ihres Falles sortiert, die Sitzordnung schloß für den Vorsitzenden ohne Strafgesetzbuch praktischerweise einen Irrtum im Urteil aus: zuerst Elisabeth von Thadden.

Sie war so gealtert in den fünfeinhalb Monaten Haft, daß die Berichterstatterin sie für die Älteste hielt, „aber ganz ungebrochen". In der Pause konnten die Geschwister sie sprechen: „Sie hatte unendlich gelitten, aber ihr Lebenswille war noch ganz stark." Dann Otto Kiep. Frau Solf. Hilger van Scherpenberg. Irmgard Zarden. Fanny von Kurowsky. Polizisten setzten sich hinter sie.

„Plötzlich verebbt das leise Gemurmel. Stille. Roland Freisler mit seinem Stab tritt ein. Freisler, der Gründer und Präsident des Volksgerichtshofs, der Mann, der bei den größten Monsterprozessen der nachzaristischen Zeit persönlich anwesend war und dort in die Schule ging, der Mann, dessen Ziel und Lebensinhalt es ist, alle zu töten, ,die nicht das Bild des Tieres anbeten'...*, dessen unsichtbare Aufgabe es ist, die großen apokalyptischen Schauungen in der Wirklichkeit mit vorzubereiten. Roland Freisler höchstpersönlich, im blutigen Rot mit dem goldenen Hoheitsabzeichen" – dem das Hakenkreuz tragenden Adler auf der Brust seines Ornats. „Sein Talar läßt ihn groß und schlank erscheinen, sein Gesicht ist scharf konturiert, energisch und klug. Ich habe mir immer den Mephisto in Goethes Faust so vorgestellt."

Die Angeklagten waren schon vor seinem Erscheinen von ihren Fesseln gelöst, sie wurden einzeln vorgerufen, ihre Polizisten – je zwei – traten mit ihnen an den Tisch und ließen sich rechts und links nieder, während den stehenden Angeklagten ihre Personalien und der Tatbestand vorgelesen wurden: „Elisabeth von Thadden,

---

* Zitat aus der Bibel, Offenbarung Johannis.

jahrzehntelang im Erziehungswesen tätig, arbeitete in den letzten Jahren im Präsidium des Roten Kreuzes ... ist im Sommer 1943 auf einer Inspektionsreise der Soldatenheime im Westen. Sie wird nach Berlin zurückgerufen, weil das Haus, in dem sie wohnt, durch Bomben beschädigt ist, und erhält Urlaub. Am 8. 9. trifft sie in Berlin ein. Am 9. 9. ‚Badoglio-Verrat'. In den Gemütern gehen die Wogen hoch... An diesem Tag besucht sie ein fremder Herr, Dr. med. Reck ..." Dann wurde der Tatbestand wiederholt, er ist uns bekannt: Der Tee wurde geschildert, und „daran schloß sich eine Debatte, in deren Verlauf nun, um nach dem zu erwartenden Zusammenbruch Deutschlands ein Chaos zu vermeiden, eine provisorische, sich sofort einschaltende Regierung erwogen wird. Genannt werden die Namen Goerdeler, Siegmund-Schultze, Josef Wirth, Kindt-Kiefer (die drei letzten halten sich gegenwärtig in der Schweiz auf) und andere. Elisabeth von Thadden sieht vor allem die sozialen Probleme und möchte schon jetzt eine soziale Aktion der Quäker vorbereiten, um dann sofort Nahrungsmittel und Medikamente ins Rollen zu bringen. Dr. Reck ... bietet sich jedem (der Gäste) in der auffallendsten Weise an, für ihn Briefe nach der Schweiz hinüberzuschmuggeln, da er im Auftrag des Reichsgesundheitsführers, Dr. Conti, laufend die Grenze überschreiten dürfte. Elisabeth von Thadden gibt ihm einen Brief. Sie will ihn am nächsten Tag (anderen Sinnes?) wieder zurückhaben. Dr. Reck ... erklärt ihr, sein Vater hätte ihn verbrannt, weil er gegen eine solche Briefübermittlung sei. Frau Solf gab ihm ebenfalls zwei belanglose Briefe persönlichen harmlosen Inhalts, und zwar nur der schnelleren Übermittlung wegen. Elisabeths Schwester ist von Hausfrauenpflichten so in Anspruch genommen, daß sie keine Möglichkeit hat, sich an dem Gespräch zu beteiligen, deshalb ist sie wie auch Frau Rühle nicht angeklagt."

Das Gegenteil: Freisler demonstriert zum Schein an Frau Braune, wie unterschiedlich er die Betroffenen zu behandeln weiß. Marie Agnes Braune, geb. von Thadden, gegenüber schlägt er einen gütig-wohlwollenden Ton an, wenn auch voller Herablassung. Wenn sie vortreten muß, läßt er ihr einen Stuhl herbeibringen, als wisse er eine deutsche Mutter, deren Söhne im Feld sind, zu ehren. Er hat Grund dazu: Anza ist in Schwarz erschienen, sie hat vor zwei Tagen die Nachricht bekommen, daß ihr Sohn nicht zurückkehren wird: zwei von drei Söhnen hat sie nun verloren, von sechs Kindern leben zur Zeit des Prozesses noch drei. – Virtuos sprach der Gerichtspräsident sie bei ihrem Nationalgefühl an.

Überhaupt begann nun „eins der tollsten Feuerwerke menschlichen Geistes, das der Mensch zur Vernichtung seiner Mitmenschen hervorzubringen imstande ist – durch zwölf Stunden hindurch!" Freisler war der Feuerwerksmeister „und hat dabei nicht einen einzigen Vorwurf erhoben, den nicht wenigstens *einer* der Zeugen und Angeklagten bereits zugegeben hat". Nun wurde das Katz-und-Maus-Spiel, das in der Voruntersuchung mit den einzelnen begonnen worden war, mit den Angeklagten gemeinsam gespielt, als „grandioses, grauenvolles Schauspiel vor geladenen Gästen, eine satanische Formung der Lüge vom Anfang bis zum Ende, in seiner unterweltlichen Herkunft ein Meisterwerk, das uns tief erschüttert".

„Und Roland Freisler, der Meister-Akteur von größter Bühnenwirksamkeit, mit ununterbrochener, nie nachlassender Leistungsfähigkeit, durch 10 Stunden (wenn man von den insgesamt 14 Stunden abzieht: Anklage, Verteidigung, Urteilsberatung, Pausen) sprühend, glitzernd, gleißend, von enormer Sprachgewalt und Modulationsfähigkeit, einmal väterlich-milde, verständnisvoll, dann wieder scharf inquisitorisch, sachlich-kühl, plötzlich wieder wie ein Blitz einschlagend und zupackend. Die Angeklagten sind Spielzeuge seines Geistes. Er jongliert mit Menschenschicksalen und gibt *die* Wendung, Beleuchtung und Farbe, die er braucht, um aus einer Bedeutungslosigkeit einen effektvollen Akt zu gestalten und ihn auf die beabsichtigte und schon vorher geplante und skizzierte Tragödie hinzuführen." – Eine der Angehörigen aus dem Saal bezeugt zwanzig Jahre danach: „Er war das Intelligenteste und Interessanteste an menschlicher Möglichkeit, was mir je begegnet ist –."

Einen Regiefehler wies das Spiel allerdings auf: der Richter spielte den Staatsanwalt glatt an die Wand, er nahm ihm die Rolle weg. Ein SS-Bericht* in ähnlicher Sache – derselbe Richter, derselbe Oberstaatsanwalt Görisch – charakterisiert für Hitler Richter und Staatsanwalt so:

„Freisler ließ alle seine bekannten Register vom Pathos zu schneidender Ironie spielen. Er brachte seine umfassende allgemeine Bildung ebenso zur Geltung wie seine Erlebnisse in Rußland ... Er gab den Beschuldigten weitgehend Gelegenheit sich zu äußern, hatte aber die Führung der Verhandlung völlig eindeutig in der

---

* Kaltenbrunner Berichte.

Hand. Die Urteile waren der überzeugende Schlußpunkt. – Oberstaatsanwalt Görisch, der die Anklage vertrat, suchte offensichtlich Freisler zu kopieren, er wirkte aber überzeugend –" ...„aber"? Er gab sich Mühe, so scharf wie der Richter zu sein. 1945 nahm er sich mit seiner ganzen Familie das Leben.

Nicht so sehr er wie Freisler war es, der für die schlüssigen Beweise sorgte. Da blieb keine Lücke. Mutterliebe und Vaterlandsliebe, Gemeinschaftssinn, aber von allem nur, was zu ungunsten der Angeklagten irgendwann ausgesagt worden war, zog er heran. Soviel Intelligenz er gebrauchte: nie im Sinn von Versöhnlichkeit, sondern dämonisch-hinterhältig oder mit schrankenlosem Gebrüll.

Wenn ein Star das ganze Ensemble beiseite spielt – was bleibt von der Handlung den andern zu tun? Gleich zu Anfang ging Freisler über die Anklageschrift – die in den Fällen Kurowsky, Zarden, van Scherpenberg leidlich beruhigend geklungen hatte – weit hinaus: sie alle ständen vor ihm wegen Landesverrats. Er führte das schlüssig aus. Die Verteidiger der drei „Hinterbänkler" unter den sechs Angeklagten waren überrascht-erschrocken, Dix kreideweiß, als er sich erhob: dann hätte im Falle van Scherpenberg das Auswärtige Amt als vorgesetzte Behörde Anklage erheben müssen, das sei aber nicht geschehen –.

Der Gesandte Kiep hatte sich aufgegeben, er verteidigte sich schlecht oder gar nicht. Unendlich grausam war Freislers Methode, die nächsten Angehörigen gegen die Angeklagten auszuspielen, sie zu zwingen zum Spiel.

Elisabeth von Thadden, sicher und klar, „durch edle Menschlichkeit und persönlichen Mut ausgezeichnet" (Pechel), verteidigte sich bewußt *nicht*. Sie mühte sich nur, ihre innere Einstellung und die daraus folgende Notwendigkeit ihrer Gegnerschaft gegen diese Regierung verständlich zu machen. Freisler allerdings schnitt ihr immer das Wesentliche ab oder drehte es spöttisch in seine Richtung – ein Meister der Ironie: „Angeklagte, bitte, wer sollte – wenn Deutschland schon so am Abgrund war – es retten? Nun, keine Antwort? – Aber sagen Sie es doch schon, sagen Sie es! Sie hatten doch bestimmte Vorstellungen? Sehen Sie? Warum sagen Sie es nun nicht? Sie haben doch etwas gedacht? Wer sollte uns retten?" – „retten" – der Ton! – „Der Adel, haben Sie doch gesagt –." Es fiel ihr schwer, sie kam ganz zögernd damit heraus – fern, ganz fern Friedrich der Große: sparsam, fleißig, rechtlich, genau; Yorck und Moltke, Freiherr vom Stein und der alte Kaiser, die eigenen Vorväter, Verantwortungsträger – – in diesem Saal? „Der Adel, ja –."

Alle lachten, wiehernd lachten sie. Die Angehörigen versteckten die Köpfe, der Präsident hatte es so gedreht, daß sie – auf seine Taktik nicht vorbereitet – sich fragen mußten, ob sie sich nicht für Elisabeth schämten.

Und schon wieder seine Stimme: „Und? Und? Sie wußten darüber doch mehr? Wenn Sie schon nicht damit herauswollen – nicht wahr: die Kirche!" Die Kirche war noch nicht einmal so sehr gemeint als vielmehr Elisabeths Glaube: in diesem Raum ein schrulliges Relikt aus lange verstaubter Zeit, und die es vor diesem Gericht vertrat, war eine schrullige ältere Lehrerin von lange verstaubtem Adel – Gelächter! Was lachte, das war der „neue Adel", der neue Glaube, der fegte so etwas wie sie einfach hinweg –. Und Freisler deutete in den Saal und ließ dem Lachen die Zügel frei. Nur die Anwälte waren nicht von diesem Vorfall beeindruckt, sie blätterten, waren mit Schreiben beschäftigt oder zeigten ein Grinsen. „Die Verhöhnung der Angeklagten durch Freisler war ja das Übliche, und nur wenige waren ihm gewachsen. Nach meiner bestimmten Erinnerung", schreibt einer von ihnen, „hat sich Elisabeth von Thadden sehr würdig und zurückhaltend benommen. Eine Äußerung zu den Aufgaben des Adels hat sie bestimmt nicht ohne Anlaß getan, dies wäre mir in jenem Milieu als taktischer Fehler nach meiner Erfahrung bestimmt in Erinnerung geblieben. Das, was sie sagte, war geeignet, andere zu entlasten."

Und weiter unsere Zuschauerin: „Nach der Pause um die Mittagszeit erscheint Dr. Reck... Seine Verspätung wird mit einer ärztlichen Hilfeleistung entschuldigt. Seine Stellung als beauftragter Spitzel der Gestapo wird während der Verhandlung offenbar: er wird immer gedeckt und entschuldigt. Trotzdem ist die flammende Verteidigungsrede für den Gesandten Kiep eine einzige Anklage gegen Dr. Reck..., die aber sowohl in ihren positiven Elementen für den Angeklagten wie in ihren negativen gegen Dr. Reck... an der Starrheit des bereits festgelegten Urteils zerschellt. Nur ist danach ein merkliches Abrücken des Auditoriums von Dr. Reck... zu erkennen, was ihn doppelt nervös macht." Freisler selbst behandelte den Spitzel mit schneidendem Hohn. „Kein Köter hätte von dem Mann ein Stück Brot genommen danach." Van Scherpenberg verteidigte sich klug und bewußt, den Vorwurf des „Landesverrats" schlug sein Verteidiger erfolgreich ab. Fräulein Zarden wehrte sich gegen Mitschuld erfolgreich.

Fanny von Kurowsky spielte schlicht dumm, verteidigte sich aber als solche gekonnt: „Goerdeler habe ich gesagt? Ein Bekannter von mir – wissen Sie – da waren so viele kluge Leute beim Tee" – ihre hohe, immer gleiche Stimme macht ein wenig verrückt –, „und alle haben sie etwas gesagt – und da wollte ich doch – und da dachte ich auch – da wollte ich mal was sagen – und da sagte ich – Goerdeler –." Mitleidiges Lächeln, hörbar im Saal. Gewiß war Goerdeler schon beschattet, aber der Vernehmungsleiter Kurowskys – „Lange" – nahm ihn nicht ernst.

Frau Solf war schon nicht mehr dabei. Während der Feststellung am frühen Vormittag hatte ein Bote dem Präsidenten einen Zettel hineingereicht: Frau Solf sei auszuklammern bei dem Verfahren. „Sie brauchen wir nicht mehr", sagte Freisler zu ihr und ihrem Verteidiger, und beide verließen den Raum. Der kenntnisreiche amerikanische Journalist Allan Welsh Dulles weiß darüber zu berichten: Der japanische Botschafter in Berlin, Oschima, hatte sich für sie eingesetzt; ihre Verurteilung würde in Japan, wo ihr Mann sich einen guten Namen gemacht, als unfreundlich aufgefaßt werden. – Sie wurde allerdings keineswegs freigelassen, sondern im Gegenteil für ein späteres Verfahren zurückgestellt, das im Februar 1945 anhängig wurde unter der Bezeichnung: „Solf und fünf andere", nämlich Gräfin Ballestrem geb. Solf, Kuenzer, Graf Bernstorff, der katholische Geistliche Erxleben, Dr. Maximilian von Hagen. Es betraf ebenfalls Schweizer Friedenverbindungen. Doch sollte es zu dem Verfahren nicht mehr kommen: auf Freisler fiel wenige Tage vor dem Termin eine Bombe, Bernstorff und Kuenzer wurden im April meuchlings erschossen, Frau Solf, ihre Tochter und Erxleben von den Alliierten befreit.

Die Zeugen waren herein- und hinausgeführt worden, je nach Bedarf. In den nächsten Tagen wurden sie freigelassen: auf neunzig, ja siebzig Pfund abgemagerte Nervenbündel, gallenkrank, leberkrank, menschenscheu und telefonscheu, auch weiterhin überwacht. Und im Amt gab der Fürsorgerin Rühle niemand die Hand, als sie nach einer Krankenpause wiederkam, so schwach, daß sie sich an Zäunen entlangtasten mußte. Das aufgelaufene Gehalt der Verhafteten wurde an die NSV überwiesen.

Zurück zu den Angeklagten am Tag des Prozesses: „Meinem Mann und mir", berichtet unsere Zuschauerin in der hintersten Reihe, „ist von Anfang an klar, daß der Ausgang des Prozesses bereits um 8 Uhr früh feststand, und dieses festgelegte Schema war auch durch alle 14 Stunden deutlich merkbar, und doch verstand

Freisler es, in der Handhabung der Variationen, unsre Herzen ir-
rezuleiten: nach der Anklage erwarten wir Todesurteile, nach der
Verhandlung sind wir unsicher, nach der Verteidigung sind wir
vom Freispruch überzeugt, nach der Rede des Staatsanwalts sehen
wir mitten in die Teufelsfratze. Um 21 Uhr 45, nach halbstündiger
Beratung – diese Zeit wurde gebraucht, um über van Scherpenbergs acht- oder zweijährige Zuchthausstrafe zu beraten –, verkündete Roland Freisler das Urteil, schneidend, hart, eiskalt,
demaskiert":

„Im Namen des Volkes: In der Strafsache gegen die Helferin
beim Deutschen Roten Kreuz, Elisabeth von Thadden, geboren
am 29. Juli 1890 in Mohrungen in Ostpreußen, den Gesandten
Dr. Otto Kiep, geboren 7. Juli 1886 in Saltcoast in Schottland, den
Legationsrat Dr. Hilger van Scherpenberg, geboren am 4. Oktober
1899 in München, die berufslose Fanny von Kurowsky, geboren
am 15. Juli 1887 in Maldeuten in Ostpreußen, die Sekretärin Irmgard Zarden, geboren am 5. Oktober 1921 in Berlin, zur Zeit in ge-
richtlicher Untersuchungshaft... haben als Richter... der Präsident des Volksgerichtshofes, Dr. Freisler, und..." (im ganzen
sechs Personen Beisitzer und Ankläger) „für Recht erkannt...",

„... anläßlich einer Teegesellschaft... siegen können wir nicht
mehr... einen Brief in die Schweiz... geduldet, daß andere Gäste
desgleichen... als Frau aus einem preußischen Adelsgeschlecht...
in führender Erzieherstellung... hat sie durch Zweifel an unserm
Endsieg *Wehrkraft beeinträchtigt*... Es wird ihr die Ehre für immer
abgesprochen, und sie wird mit dem Tode bestraft...."

Dann wird das Todesurteil für Kiep verlesen. Und es folgt eine
längere Begründung und nochmalige Aufzählung der Vorgänge.
Die wenigen Menschen im Saalpublikum sind vor Entsetzen und
Erschöpfung erstarrt, was nun noch kommt, rauscht fern an ihnen
vorbei: „Unserm Siege ist es der Volksgerichtshof schuldig, so
treulose Verräter zum Tode zu verurteilen..." Und endlich der
Schluß: „Die Verurteilten haben die Kosten des Verfahrens zu tragen."

Der Präsident liest geschäftsmäßig weiter: „... van Scherpenberg... 2 Jahre Gefängnis..." Inge van Scherpenberg schließt die
Augen und faltet die Hände; nur nicht zeigen, daß sie jetzt weinen
muß, neben ihr sitzt der Vernehmungsleiter Lange und hat alle
Sinne gespannt –.

„Zarden... frei..."

„Kurowsky... frei... wegen Dummheit..."

Die Richter begeben sich hinaus, das Publikum bricht auf.

Die Geschwister Thadden hatten in der Pause Elisabeth gesprochen, sie war tapfer und klar. Sie rechnete mit dem Todesurteil, aber auch mit dem Gnadenweg. Das erörterten sie kurz, und vor allem – was Elisabeth an zum Tode Verurteilten mit Schrecken gesehen hat – die mögliche Fesselung. Gefesselt den ganzen Tag? Das könnte sie wirklich nicht aushalten. Sie hatte schon so viel ausgehalten. Die Geschwister wollten versuchen, das zu verhindern.

Sie konnten es nicht. Sie mußten machtlos zusehen, wie man Kiep und die Schwester mit auf dem Rücken gefesselten Händen abführte.

Draußen wartete der dunkle Gefängniswagen. „Der Fesselung ungewohnt, erklimmen Elisabeth und Kiep unbeholfen den hohen Fußtritt des Wagens und werden vom Wärter brutal in den finstern Kasten gestoßen, zwei scheinbar von der Liebe verlassene Menschen. Es ist 22 Uhr 15."

Wer einmal in die Fänge des Apparats geraten war, konnte sich ihm kaum jemals wieder entziehen. Dies gilt vornehmlich auch für die, die ihm dienten. Es hat sich häufig erwiesen, daß Denunzianten 1945 lediglich die Farbe wechselten, im übrigen aber in der gleichen Branche aktiv blieben – zuweilen erpreßt.

„Leo Lange" wurde nach dem Krieg von Frau Solf erkannt und floh. Wir wissen nicht, wohin. Hatte er noch andere Fähigkeiten als die bisher geübten? Gelang es ihm, auszusteigen aus einem Geschäft, an dem stets der Gewinner am meisten verliert?

Ebensowenig wissen wir von Gestapochef Heinrich Müller. Eine große Illustrierte warf die Frage nach seinem Verbleib auf. Vermutlich vergeblich.

Und Dr. Reck…? Sein Verrat zwang ihn zu weiteren Denunzierungsversuchen, jedoch gelang ihm kein ähnlicher Coup mehr. Er wurde im letzten Kriegsjahr vielerortes gesehen, in der Schweiz sowie in Berlin, unter anderem im Präsidium des Roten Kreuzes, wurde jedoch überall mit distanzierter Vorsicht behandelt. Nach 1945 wurde er zu acht Jahren im Lager Waldheim verurteilt, doch nach drei Jahren wegen guter Führung entlassen. Gegenüber gefangenen Frauen soll er sich „hilfsbereit" verhalten haben. 1952 kam er nach West-Berlin herüber. Laut „Telegraf" vom 18. März 1955, dem wir diese Nachrichten entnahmen, bewarb er sich einmal um einen Posten als Sozialversicherungsarzt, ein andermal als Amtsarzt. Eine große Anfrage der SPD im Stadtparlament verhinderte seine Anstellung und ergab zunächst, daß die Waldheimer

Urteile der Rechtmäßigkeit entbehrten. Ein Verfahren gegen ihn erbrachte jedoch, daß seine Strafe abgebüßt sei und er nicht ein zweites Mal für dasselbe Delikt bestraft werden könne. Die Stellung als Amtsarzt bekam er natürlich nicht – woraufhin er West-Deutschland verließ.

Die Frage, ob man ihm eine echte Chance zur Änderung seines Kurses geboten hat, sollte uns beschäftigen. Es ist eine Frage, die nicht vom materialistischen Denken her beantwortet werden kann – Wechsel der Farbe, Änderung eines Vorzeichens bei möglicherweise gleichem Inhalt der Aktivität ist keine Wandlung. Beantwortet werden könnte sie nur vom Geist einer wenn auch bisweilen Strenge übenden Liebe. „Nimm dich dieses jungen Mannes an." Es sind ihrer viele.

Zweierlei Berichte über den Thadden-Fall und den Kreis der Frau Solf gingen in diesen Wochen beim Führer und Reichskanzler ein, und zwar durch die Hände des Reichsleiters Bormann. Ob die Berichterstatter voneinander wußten? Wohl kaum, da Bormann daran gelegen war, beide gegeneinander abzuwägen und so die Berichterstattung selbst zu kontrollieren. Die Berichte halten sich an die Wahrheit, allerdings in der Beleuchtung, die der nationalsozialistische Standpunkt ihr aufzwang.

Die einen – die sogenannten Kaltenbrunner-Berichte der Geheimen Staatspolizei – fassen die jeweiligen Vernehmungsergebnisse zusammen, überaus unergiebig im „Fall Thadden". In den anderen berichtete das Justizministerium über die Feststellung der Tatbestände, wie sie die Prozesse ergaben.

Die Geheime Staatspolizei, Berlin SW 11, Prinz-Albrecht-Straße 8, an Reichsleiter PG Martin Bormann, Parteikanzlei München, in Sachen Goerdeler („Geheime Reichssache"):

„... *Goerdeler* gibt die persönliche Bekanntschaft mit Frau *Solf* zu, erklärt jedoch, zu den Einladungen nie hingegangen zu sein, er habe für Teekreise, wie sie Frau *Solf*, Frau von *Kardorff* oder Frau von *Klemnitz* veranstalteten, nicht viel übriggehabt, da er sie ›zumindest für sehr unvorsichtig hielt‹. Er habe sich aus diesem Grunde absichtlich ferngehalten."

In einem späteren Bericht vom November wurde „der inzwischen zum Tode verurteilte Kiep bei Verhören" anderer als vorgesehener Pressechef beim Amt des Reichskanzlers festgestellt, ein anderes Mal als Exponent der Gruppe Goerdeler.

Und: „... Zu dem Bekanntenkreis von Staatssekretär (1925/26) a. D. *Kempner* gehörte Gesandter a. D. Dr. Otto *Kiep*, Staatssekretär a. D. Erwin *Plank* und Staatssekretär a. D. Artur *Zarden*. Z., der eine Jüdin zur Frau habe und sehr ehrgeizig sei, habe sich durch den Nationalsozialismus aus der Bahn geworfen gesehen. Den Krieg habe er schon lange als verloren betrachtet.

Ein weiterer enger Bekannter Kempners war der Vortragende Legationsrat a. D. Dr. *Kuenzer*. Kuenzer habe mit einem gewissen Fanatismus einem christlichen Gemeinschaftsleben das Wort geredet. Er habe das nationalsozialistische Regime als ein großes Hindernis zum Frieden betrachtet... *Kempner* verkehrte ebenfalls im Kreis der Frau Hanna *Solf*, die der Überzeugung gewesen sei, daß ihr Mann die beste Außenpolitik gemacht habe..."

Der Bericht des Justizministeriums befindet sich heute im Office of Chief of Counsel for War Crimes in Washington. Abschriften liegen in deutschen Archiven. Es handelt sich um die sogenannte Führerinformation Nr. 181 vom 18. Juli 1944. Sie faßt zusammen:

„Der Volksgerichtshof hat am 1. Juli 1944 den Gesandten Dr. Otto *Kiep*, der bis zur Einleitung des Verfahrens als Major d. R. Referent für Außenpolitik im OKW war, wegen Wehrkraftzersetzung und Feindbegünstigung zum Tode verurteilt. *Kiep* hat am 10. September 1943, einen Tag nach dem Badoglio-Verrat, auf einem Tee, den die ebenfalls zum Tode verurteilte *Elisabeth von Thadden* veranstaltet hatte, in längeren Ausführungen die Ansicht vertreten, der Krieg sei, wenn nicht ein Wunder geschehe, verloren. *Kiep* hat ferner erklärt, es sei nun an der Zeit, nach neuen Männern Umschau zu halten, da man mit England und Amerika zusammengehen müsse. Die verurteilte *Elisabeth von Thadden* hat daraufhin durch einen Arzt Dr. *Reck*... mit dem ihr von früher her bekannten, inzwischen in die Schweiz emigrierten Professor *Siegmund-Schultze* Verbindung aufgenommen. Dieser hat auch die Bekanntschaft *Reck*...s mit dem ebenfalls in der Schweiz lebenden früheren Reichskanzler Joseph *Wirth* vermittelt, der sich u. a. damit befaßt, für den Fall des von ihm erwarteten Zusammenbruchs Deutschlands eine Regierung zusammenzustellen.

An dem oben erwähnten Teeabend hat auch Legationsrat Dr. Hilger *van Scherpenberg,* der Schwiegersohn des Reichsministers a. D. Dr. *Schacht,* teilgenommen. *Van Scherpenberg*, der bis 1933 Mitglied der SPD war, hat den Ausführungen Kieps widersprochen. Weil er jedoch den Vorgang nicht angezeigt hat, ist er ebenfalls, und zwar zu zwei Jahren Gefängnis, verurteilt worden.

Mitangeklagt war ferner Frau *Solf*, die Frau des früheren deutschen Botschafters in Tokio. Ihr wird zur Last gelegt, sich bei dem

Tee ebenfalls staatsfeindlich geäußert zu haben. Das Verfahren gegen Frau *Solf* ist jedoch abgetrennt worden, weil in der Zwischenzeit durchgeführte Ermittlungen weiteres Belastungsmaterial ergeben haben. Nach Auffassung des Oberreichsanwalts beim Volksgerichtshof kommt gegen Frau *Solf* nunmehr auch u. a. die Todesstrafe in Betracht. Ihr Verteidiger hat die Prüfung der Frage angeregt, ob die Durchführung des Verfahrens aus außenpolitischen Gründen angebracht sei, weil der verstorbene Botschafter *Solf* ein besonders erfolgreicher und angesehener Vertreter der deutschen Interessen bei der japanischen Regierung gewesen sei."

Ehrengard fuhr, um zu beraten, was die Familie unternehmen solle, nach Berchtesgaden zu ihrem Mann*, der als Major der Reserve im Wehrmachtsführungsstab das Kriegstagebuch führte. Sie suchten einen Studienfreund in der Reichskanzlei auf, um Ratschläge zu erlangen – und stießen auf bedauerndes, kühles Achselzucken. Der General Warlimont bewilligte Urlaub, und im Dienstzug erhielten sie – ein großer Vorzug in dieser Zeit – ein Schlafwagenabteil zugewiesen. Der Pflichtverteidiger in Berlin hatte alle Hände voll zu tun und gab daher nur eilige Hinweise, wie ein Gnadengesuch abzufassen sei.

Vor der U-Bahn holte ein junger Mann sie ein, den sie im Büro nur flüchtig gesehen hatten. „Ich bin Ihnen absichtlich gefolgt. Sie dürfen nicht glauben, daß alle Leute am Volksgerichtshof so sind. Es sind auch andere da. Wir versuchen zu helfen, wo wir können, wir halten zusammen, wir haben auch schon zum Führer vorzudringen versucht. – Ein Gnadengesuch ist gar nicht ganz aussichtslos im Fall Ihrer Schwester – vielleicht mit einem ganz unverfänglichen und doch zutreffenden Argument: Machen Sie geltend, daß gerade in ihrem Alter die schwierigen Jahre der Frau manchmal einen Streich spielen und daß das doch absolut vorübergehend sei, und damit gehen Sie persönlich zu ..." Er nannte einen Namen, der Eta wieder entfallen ist.

Eta wußte nicht, wie ihr geschah. Nach einem schrecklichen Wochenende, einem schrecklichen Vormittag ein menschlicher Rat! Der Referendar war schon wieder in der Menge verschwunden, er ist ein Unbekannter geblieben.

Sie besuchten im Justizministerium jenen Ministerialrat, den er genannt hatte. Das Ministerium war bereits durch Bomben getrof-

---

* Dem Historiker Percy Ernst Schramm

fen worden: über langen Gängen der offene Himmel, an der Wand eine zweite, nicht mehr begehbare, wie angeklebte Treppe. Sie fanden den Gesuchten, in SS-Uniform – also Vorsicht. „Ja, stellen Sie das Gesuch. Vielleicht läßt sich eine Begnadigung zu lebenslänglichem Gefängnis erreichen … besonders da es sich um eine Frau handelt." Er verbreitete sich im übrigen über Wehrkraftzersetzung. „Aber", erwiderte Eta mit zögerndem, klugem Charme, „wenn Sie alle hinrichten wollen, die denken, der Krieg wird verloren, dann müßten Sie womöglich die Hälfte des Volkes umbringen."

Eine kleine Pause: „Das wollen wir ja gar nicht. Aber Sie müssen sich einmal in unsere Lage versetzen; es sind zu viele da, die den Führer umbringen wollen." Rasch in die Lücke: „Wenn Sie das so genau wissen, dann wissen Sie sicher auch, daß meine Schwester zu *denen* nicht gehört hat."

Ihre Argumente leuchteten ihm ein. Er gab sogar seine private Telefonnummer preis, damit sie ihn, wenn nötig, schneller erreichten.

Sie verließen das Ministerium, vorbei an Türen, hinter denen Beamte ihre „Pflicht" taten, routinemäßig, im Sinne des Regimes verschärfend oder versuchend, von alten Rechtsüberzeugungen zu retten, was noch zu retten war. Als die beiden wieder auf der Straße standen, hatten sie den Eindruck, daß das Ministerium, das einmal seinem Namen „Reichsjustizministerium" Ehre gemacht hatte, nicht durch Zufall von den Bomben getroffen war und nun das fehlende Dach, die schiefen, unbegehbaren Treppen selbst dem Dümmsten deutlich machen mußten: Das Recht ist angeschlagen, bricht zusammen!

Übrigens hatte Etas Mann nach Elisabeths Verhaftung dem Generalobersten Jodl Meldung erstattet. Als ihn nun der Chef des Reichssicherheitshauptamtes, Kaltenbrunner, anforderte, erklärte Jodl, wenn etwas Konkretes gegen den Major Schramm vorliege, ja, sonst nein. Indem er sich vor Schramm stellte, der Elisabeth ohnehin seit Kriegsbeginn nicht gesehen hatte, blieb dieser unbehelligt. Vielleicht kam auch Elisabeth mit wenigen Jahren davon? Ihr Fall stand gar nicht so schlecht.

Freiheit? Freiheit.

„Ihr Mann braucht seine Strafe nicht abzusitzen", sagte in diesen ersten Julitagen einer der jungen Offiziere zu Inge van Scherpenberg, wobei er den Finger um einen unsichtbaren Abzugshahn krümmte.

Aber das Mißlingen des Attentats auf Hitler bedeutete die Besiegelung vieler Todesurteile.

Vollzugsanstalt Barnimstraße. Dreißig bis vierzig zum Tode verurteilte Frauen warteten allein hier auf die Vollstreckung ihres Urteils oder Begnadigung zu lebenslangem Zuchthaus. „Lebenslang" bedeutete Hoffnung auf Freiheit, der Krieg *konnte* ja nicht mehr lange durchgehalten werden.

Wohl klammerte sich das Volk draußen in den Fabriken, Zugabteilen, Luftschutzkellern und beim Schlangenstehen vor den Geschäften an die irre Hoffnung auf den „Endsieg". Aber jeden Morgen roch in Deutschland wenigstens eine Großstadt nach Bomben, Feuer und Rauch, jeden Morgen wurden Tote und Obdachlose gemeldet. Jede Nacht wurde die Front im Osten „begradigt" oder eine Festung bis zum letzten verteidigt. „Unsere Linien sind zu dünn", murmelte mancher blasse, schmal gewordene Urlauber auf eine Frage.

Sie sahen fremd auf die vielen Trümmer – auch auf die tiefen Risse am tristen Gebäude in der Barnimstraße. Aber über die Gefangenen hinter den Mauern wußten sie nichts.

Das Urteil, so hieß es zuerst, sollte gleich nach der Verkündigung vollstreckt werden.

Warum das nicht geschah? Sicher zunächst infolge der Bemühungen Ehrengards, oder weil die Unterlagen in einem Aktenschrank ruhten, während der entscheidende Mann auf Urlaub war – auch Henker erhalten vermutlich Urlaub. Oder weil nach dem Attentat zuviel zu bearbeiten war.

Elisabeth von Thadden war immer gewohnt und bestrebt, ins Große zu wirken. Jeder Schritt ist ein Schritt in größere Weite gewesen. Die letzte Phase ihres Hierseins war gekennzeichnet dadurch, daß ihr Leben eingeengt wurde. Eins nach dem andern schlug man ihr aus der Hand – Schule, Zukunftspläne, Freundeskreis, Freiheit. Wir haben die List verfolgt, mit welcher sie umstellt wurde und der sie, wachsam, noch zu entkommen bemüht war, und sahen mit Schrecken und Zorn, wie sich um diese Frau, die *Raum* für ihr tätiges und geistiges Leben brauchte, undurchdringliche Wände enger und enger stellten. Schließlich umgaben sie nur noch die Mauern der Todeszelle.

War das noch Elisabeth von Thaddens Leben, wurde nicht das Leben Elisabeth von Thaddens dadurch erstickt?

Betrachten wir jedoch das Ende dieses groß gelebten Lebens, so erfassen uns Staunen und Ehrfurcht vor einer Wandlung, die über unser Verständnis hinausgeht. Da erkennen wir – ungläubig, abwehrend noch –, daß „Leben" nicht zugrunde gerichtet werden kann durch Mauern oder Schafott, daß Leben nicht abhängt von Menschenhand, auch nicht von dem, was wir gemeinhin unter Freiheit verstehn, daß Leben dagegen in einer neuen – wahren? – Gestalt hervorzubrechen vermag – unzerstörbar, rein, daß Leben sich in dieser Gestalt schon als *Frucht* eines Menschendaseins zeigt.

Es steht uns gewiß nicht zu, darüber zu befinden mit Ja oder Nein. Aber ganz sicher tritt gegen Elisabeths Ende der Kern ihres Erdendaseins hervor. Ja mehr: durch ihr Ende hat sie uns die Essenz ihres Lebens reiner vermittelt, als sie es je in ihrer Tätigkeit vermocht hat. Insofern ist jene Frage beantwortet, ob ihr Leben „groß" genug war, um unsere Aufmerksamkeit zu verdienen, denn „ihr Ende war groß".

Seit der Verkündigung des Urteils mußte Elisabeth von Thadden Fesseln tragen. Dreiundzwanzig Stunden am Tag waren ihr Handschellen angelegt – sinnlos angesichts der Unmöglichkeit einer Flucht. Ihre gesunde Natur wehrte sich gegen diese unnütze und gemeine Quälerei: ein juckender Ausschlag trat an den Handgelenken hervor, wo das Metall die Haut bis auf die Knöchel aufrieb und vergiftete. Die Maßnahme war nicht einmal eine ihr persönlich zugedachte Schmach, sie gehörte in die in jenen zwölf Jahren geltenden Bestimmungen für zum Tod Verurteilte. „Das kann man nicht ertragen", hatte Elisabeth zu den Geschwistern gesagt.

Es wurde nicht gefragt, was sie ertragen konnte, was nicht. Sie, die immer ange-ordnet, ge-ordnet hatte mit dem Ziel, die ihr Anvertrauten zur Freiheit hin, zur Verantwortung hin zu erziehen, sie fiel einer Ordnung zum Opfer, die ordnete, um zu erniedrigen, zu entmenschlichen – einer im wahrsten Sinne materialistischen Ordnung. Sie sah das selber sehr klar, „sie machte sich große Sorgen um die Zukunft unsers Vaterlandes".

Sie gab sich nicht dem Selbstmitleid hin. Immer noch nutzte sie – ganz Preußin – jede Minute aus. Sie lernte viel auswendig – Lieder und Dichtung –, um sich geistig zu üben. Sie las Ernst Moritz Arndts „Wanderungen mit dem Freiherrn vom Stein", und diese Darstellung mag ihr im Hinblick auf die Zukunft der Überlebenden Hoffnung vermittelt haben: aus überschaubaren Dorfgemeinschaften, aus der Selbstverwaltung der Gemeinden heraus baute der Freiherr vom Stein, eine bewußt in der deutschen Geschichte wurzelnde, vom christlichen Glauben geprägte Gestalt, seinen zerschlagenen Staat wieder auf. Sie lernte Jesu Bergpredigt auswendig, weil ohne ihn kein Leben möglich sei, und Worte des Paulus aus dem Römerbrief:

„Ich halte dafür, daß dieser Zeit Leiden der Herrlichkeit nicht wert sind, die an uns soll offenbart werden ... Wer will uns scheiden von der Liebe Gottes? ... Weder Tod noch Leben ... weder Gegenwärtiges noch Zukünftiges ... mag uns scheiden von der Liebe Gottes, die in Christo Jesu ist."

So kämpfte sie täglich gegen die Lethargie, der so viele Gefangene anheimfallen. Aber sie hatte keine Illusionen mehr in bezug auf sich selbst: ihr Leben würde kürzer dauern als der Krieg.

Lang waren die Nächte, der Geist von Schreckensbildern gequält.

In einer schmalen Broschüre Reinhold Schneiders strich sie ganz zart, unmerklich für die Bewacher, einige Stellen an: was sie ohne Mühe und jederzeit wiederzufinden wünschte. „Allenthalben versagt die Liebe der Menschen als helfende, ordnende und schützende Macht, und in diesem Augenblick erreicht der düstere Leidensweg der Völker den Kreuzweg des Herrn." In Gedanken an Veronikas Schweißtuch betet Reinhold Schneider: „Auf Deinem Kreuzweg hast Du der Liebe das ernste Gnadengeschenk gereicht, an dem sie sich erkennen wird in Ewigkeit – es ruht in den Händen der Frauen. Und wenn unter der Gewalttat des Mannes, der die echte Liebe nicht erfaßt oder vergessen hat ... alle Ordnungen sich verwirren, so muß die Liebe ausgehen von den letzten, die von ihr wissen ... und die Menschen ... erwachen aus einem furchtbaren Traume ...

Es wäre die große Stunde der Frau, und die Welt wartet auf sie, seit Veronika Dein Bildnis empfangen hat."

Die große Stunde der Frau? Altvertrauter Ton aus Elisabeths Jugend – Helene Lange sagte es so, aber diesseitiger, als sie das junge Mädchen zu einem tätigen Leben aufrief. Wieweit ist Elisabeths Leben „die große Stunde der Frau" gewesen, wieweit ist es – gemessen an ihrem Streben – verfehlt? Nichts ist verfehlt, denn: „Ein Abglanz Deiner Unverletzbarkeit teilt sich den Deinen mit ... Wie viele aber leiden, ohne Dich zu kennen, oder nur mit einem ganz schwachen Schimmer Deines Bildes in ihren Herzen, das von Kindertagen her leuchten will und das Dickicht der Irrtümer, Träume und Lügen nicht mehr durchdringt!

... laß sie erkennen, daß sie an die Stelle gelangt sind, wo sie die Mauern durchbrechen, wo sie heraustreten können aus der

Welt! ... Geschichte ist gnadenvoll tragische Geschichte unserer *Heimkehr* ... Die Liebe siegt immer, sie ist die einzige unbesiegliche Macht."

Die Hinrichtung des Gesandten Kiep am 26. August hat sie nicht mehr erfahren, aber sie hat genau gewußt, daß auch er nicht zu retten war. Sie ist über alldem nicht zerbrochen. Das haben die Gefängnisfürsorgerinnen bezeugt, die in der letzten Zeit bei ihr waren. Das wissen auch, die sie noch besuchen durften:

„Es war, wie wenn sie langsam die Hülle des Irdischen abstreifte. Ihr Interesse für all die vielen Menschen, die sie liebhatte, war noch genauso groß wie je, aber wenn man sich nach ihr selbst erkundigte, lehnte sie mit einer leichten Bewegung ab.

In ihren blassen Zügen lag ein Ausdruck von Güte und Hoheit, den keiner von uns je vergessen wird ... Ihr Glaube wurde in dieser Zeit stärker. Es war nicht so, daß sie, wie früher einmal, unter einer Betäubung gelebt hätte, sie war sehr bewußt und hat sehr gelitten, vor allem auch unter der Schmach des Todes, den sie sterben sollte ... Ihre Herkunft und ihr Wesen lehnte sich auf gegen diese Erniedrigung. Aber gerade deswegen hat sie besser als wir alle verstehen gelernt, was Christi Tod bedeutet, der ja auch schmachvoll war."

Elisabeth war in diesen Wochen zusammengesperrt mit jeweils einer Kriminellen. Die erste war schmutzig, die zweite hart – und so fort. Sie waren gehalten, ihr wegen der gefesselten Hände mit den nötigen Handgriffen zu helfen. Elisabeth mußte diese Handreichungen annehmen, ohne daß es ihr gelang, was ihr immer und leicht gelungen war: eine menschlich gute Beziehung herzustellen.

Bei Besuchen der Geschwister wurden die Fesseln gelöst, so daß außer der seelischen Wohltat eine körperliche ihr Erleichterung brachte. Die letzte von den Angehörigen, die Elisabeth besucht hat, war Lisi, die Schwägerin, Reinolds Frau. Am 6. September ging sie zusammen mit Lena von Woedtke in die Barnimstraße. Lena erhielt keinen Zutritt in das Besuchszimmer. Sie setzte sich auf das Bänkchen in dem trostlosen Flur. Eine Beamtin schloß das Besuchszimmer auf. Durch den Raum zog sich ein langer Tisch und trennte ihn in zwei Teile. Die Gefangene wurde hereingeführt.

Die beiden Namensschwestern standen sich gegenüber, so verschieden nach Temperament, Lebensführung und Anschauungen. Die Verschiedenheiten waren nun unwesentlich, gelöscht war, was je gehindert hatte oder getrennt.

Die Gefangene war sehr weiß, sehr ruhig, von ungewöhnlicher

Hoheit. Tief betroffen fühlte sich die Besucherin von dem Ausdruck der Güte, Klarheit und Entrücktheit. Sie selber war aufgewühlt, mühsam beherrscht, unsicher in den feindseligen Wänden, unsicher auch durch die Gegenwart der Beamtin, die seitlich am Tisch saß. Von ihrer Person ging Härte aus und hemmte auch die Gefangene innerlich, ohne daß es nach außen in Erscheinung trat: sie hat es einer andern Beamtin kurz darauf erzählt.

Zwanzig Minuten waren gewährt. Die Besucherin trug Schwarz. Sie hatte schon zwei Söhne verloren, sollte noch einen in den letzten Kämpfen um Pommern verlieren. Sie brachte Grüße von draußen, zählte sie hilflos her. Elisabeth fragte nach der ganzen Familie, vor allem nach Lisis noch lebenden Söhnen. Sie hatte immer viel Anteil an ihrer Entwicklung genommen; sie sprachen auch von dem Ältesten, Elisabeths schon gefallenem Patenkind.

Die Beamtin sah nicht mehr auf die Uhr. Zwanzig Minuten waren überschritten. Wußte sie, daß es der letzte Besuch war? Oder wurde sie einfach angerührt von der Würde des Leidens?

Als sie nach fast vierzig Minuten eine leise Bewegung machte, fragte die Besucherin, ob sie der Gefangenen die Hand geben dürfe. Es wurde geduldet. Da nahm sie die Blasse einfach in die Arme und küßte sie.

Mütterliche Wärme – hier! Da kamen einige wenige Tränen in die Augen der Gefangenen. Aber sie blieb ruhig und stark.

Sie wurde hinausgeführt. In dem verhärteten Herzen der Beamtin soll dieser Besuch einen tiefen Eindruck hinterlassen haben, sie wurde milder.

Nach Beendigung des Besuches öffnete die Besucherin die Tür auf den Flur. Sie weinte, aber sie weinte sich nicht aus. Es war nicht möglich, sich auszuweinen in dieser Zeit. Man mußte sich gleich wieder fangen, sonst hörte man nie wieder auf. Lena Woedtke litt mit, aber dachte daran, daß ihr Schützling sich aufheben mußte für den gefährdeten Mann, für die übrigen Söhne. Sie schlug eine kleine Ablenkung vor zur Erfrischung nach dieser Erschütterung: „Jetzt sehen wir noch ein bißchen Berlin", bestimmte sie und fuhr mit ihr los. Eine absurde Erfrischung! Sie fuhren, bis die Nichte zum Zug mußte, durch Straßen, die Straßen gewesen waren. Frische Bomben hatten Berlin in weitere Trümmer gelegt. Es roch wieder einmal nach Rauch. Die Nichte aus Trieglaff wurde den Eindruck des kalten Zimmers nicht los: „Weißt du, sie hat mich so an das Bild erinnert, wie Marie Antoinette aus dem Temple geführt wird – zum Tod." – „Nicht doch!" mahnte Lena.

Beide wußten nicht, was Elisabeth wußte – denn es war Mittwoch, und Pfarrer Ohm war ausgeblieben, wie es zum Zeichen verabredet war: übermorgen war der Tag –.

Wie still lag Trieglaff unter dem Frieden seiner Dächer, als Frau von Thadden spät in der Nacht dorthin von Berlin zurückkam! Die Bäume atmeten wie alle Nächte, es roch schon nach Herbst. Hinter dem Garten spiegelte der See die Dunkelbläue wie jede Nacht. Da schwamm die Zurückgekehrte ins Wasser hinaus: abspülen – was doch kein Wasser abspülen konnte!

Veltheim-Ostrau haben wir schon erwähnt. Seine Briefe begleiteten Elisabeth, als sei er selbst ein Begleiter, der sie behutsam erinnerte, daß dieser dunkle Weg nicht in die Finsternis, sondern in das „Lichtreich der ewigen Heimat" führte.

Einen Brief von ihm sollte sie lesen dürfen in den Minuten, ehe sie den Warteraum verließ. Sie selber schrieb ihm an diesem 8. September, und ihr Brief trägt amtliche Überschrift und Sichtvermerk:

„Name des Briefschreibers:
Elisabeth von Thadden, Berlin-Plötzensee, Königsdamm 7
den 8ten 9.44
Gelesen: Zeichen 9.9.

Mein lieber Hans-Hasso,
ich gehe aus dieser räumlich-zeitlichen Welt zu dem Vater, dessen Kind und Erbe ich bin! in die Heimat der Liebe! Du, der Du diesen Weg mit mir bereits gingst bis an die Pforte der Ewigkeit, Dir sei ein letzter besonderer Gruß des Dankes, der Liebe!

Gott gebe Dir Kraft, mit der Leuchtkraft des Offenbarungslichtes all den Deinen Kraft und Liebe zu geben, bis für Dich das Stündlein schlägt.

Deine Elisabeth."

Zehn Wochen lang hatte Elisabeth auf das Ende warten müssen, im sechsten Stock des Frauengefängnisses, gefesselt auch während der Bombenangriffe, nie in den Keller gebracht. Oft sprach sie über das Ende, sie lernte, das Leben loszulassen.

Zehn Tage vorher sprach sie nicht mehr darüber. Äußerlich ganz im Ungewissen, hat sie es von nun an sicher und nahe gewußt, aus verborgenen inneren Quellen.

Über das letzte berichtete Pfarrer Ohm, der Gefängnisgeistliche. In der Zeit vom 2. Juli bis zum 8. September war er zwei- bis dreimal in der Woche bei ihr. Den zum Tode Verurteilten war die Teilnahme am Gottesdienst verboten. Aber er erwirkte manchmal, daß eine Zelle „aus Versehen" offen blieb. So konnte Elisabeth am Sonntag vor ihrer Hinrichtung – deren Zeitpunkt er nicht kannte – dabeisein, als sein Text lautete: „Die auf den Herrn harren, kriegen neue Kraft, daß sie auffliegen mit Flügeln wie Adler..."

Immer freitags wurden Hinrichtungen vorgenommen. Das wußten die Gefangenen schon. Darum war von jedem Mittwoch an eine große Erregung unter ihnen, die sich bis zum Freitag früh ständig steigerte, ob sie dieses Mal dabeisein würden oder nicht, bis um sieben Uhr früh das Aufschließen die Ungewißheit beendete. Pfarrer Ohm bekam wenige Tage vorher die Liste der für Plötzensee Bestimmten. So konnte er die nicht Vorgesehenen schon mittwochs besuchen und beruhigen. Das war wichtig: eine der Frauen mußte elf Monate auf ihre Hinrichtung warten!

War der Freitag vorbei – nun, bis zu einem anderen Freitag verstrich hier oben mehr Frist als sieben Tage woanders! Und wer konnte sagen, ob es einen anderen Freitag noch gab für die Barnimstraße, für ein Berlin unter Bomben?

Pfarrer Ohm mußte sich hart machen – und weich. Hart, weil die Härte der Schicksale nicht zu ertragen war; weich, um sie aufzunehmen, die Worte der Todbestimmten, und ihnen seinerseits Botschaft zu sagen – er hatte keine Befugnisse hier als den Trost des Evangeliums.

Am 8. September fuhr er früh nach Plötzensee. Er war dort bei den Gefängnisbeamten seit langem als Gefängnisseelsorger bekannt und geachtet. Diesmal sah er plötzlich in einem Durchgang zwanzig bis dreißig Pistolenläufe auf sich gerichtet: Gestapoleute, die in diesem Gebäudeteil heute – was er nicht wußte – Mitbeteiligte vom 20. Juli, die zur Hinrichtung bestimmt waren, zu bewachen hatten. Die durften nicht seelsorgerlich betreut werden, darum wußte er von ihnen nichts und war auch der Gestapo in seiner Funktion unbekannt. Nach einiger Zeit konnte er sich ausweisen und befreien lassen.

Dadurch daß die Opfer des 20. Juli sozusagen außerplanmäßig zur Hinrichtung geschickt wurden, verzögerte sich Elisabeth von Thaddens auf 13 Uhr festgesetzte Hinrichtung bis fast auf 17 Uhr.

An diesem Tage wurden hingerichtet: Rechtsanwalt Joseph Wirmer, Oberstleutnant Smend, Paul Lejeune-Jung, Oberst i. G. Georg Alexander Hansen, Botschafter Ulrich von Hassell, Ulrich Graf Schwerin-Schwanenfeld. (Die Reihe ist nicht vollständig.)

Auch Elisabeth war an diesem Morgen in einem größeren Polizeiauto mit elf andern Frauen aus der Barnimstraße abgeholt worden. Die Namen der andern sind uns nicht bekannt.

Die Fesseln wurden gelöst für den ganzen Tag: ein Vorgefühl von Freiheit! Und es gab Papier für einen Brief. Dieser trägt den Vordruck der Anstalt und die Abzeichnung der Zensur: 9. 9. und 12. 9. Die Schrift ist klar, frei fließend und unaufhaltsam wie je. Elisabeth schrieb ihn ohne das leiseste Zittern der Hand, ohne die geringste Unsicherheit.

> Name des Briefschreibers
> Berlin-Plötzensee 8ten September 1944
> ...Königsdamm 7 Haus...
> Gelesen...

Der Brief enthält persönliche Grüße und einige letzte Verfügungen an „Meine geliebten Geschwister... Eure Elisabeth".

Nun aber, nachdem alles geordnet war, was sie im Abschiednehmen zu ordnen hatte, brach ungehindert Freude durch, wie sie sie seit zehn Tagen erfüllt, ihr Gesicht verwandelt hatte – deutlich erkennbar für die Beamtinnen.

Auf einen freien Platz, den sie nur noch am Briefkopf über der Anrede fand – anfangs freigelassen, wie es sich gehörte –, drängte sie ihr letztes Wort, die Summe ihres Lebens, das Lied aus Psalm 103:

> „Lobe den Herrn, o meine Seele,
> und was in mir ist Seinen heiligen Namen."

Dann legte sie die Feder aus der Hand. Der Pfarrer ging von Zelle zu Zelle – alle die Stunden –, er kam mehrfach zu ihr zurück und fand sie nie einen Augenblick verzagt oder auch nur mit Tränen in den Augen. Ihm diktierte sie, was sie bei Besuchen nicht hatte erzählen können:

142

„Ich wurde in Meaux in Frankreich um 8 Uhr morgens festgenommen. Im Auto wurde ich von Meaux nach Paris gebracht, dort verhört von morgens 9 bis abends um 6 Uhr, nach 1 Stunde Abendbrotzeit Fortsetzung des Verhörs während der ganzen Nacht. Im Laufe des nächsten Tages wurde die Verhaftung ausgesprochen. Es bestand mehrfach Fluchtmöglichkeit, von dieser habe ich bewußt keinen Gebrauch gemacht, um meinen Bruder nicht zu gefährden. Dann wurde ich nach Berlin gebracht und erneut die ganze Nacht verhört.

Die Schwere der Inquisition war ganz ungeheuerlich! Ich wurde gefragt nach der Bekennenden Kirche und nach der Una Sancta. Mir ist kein einziges Wort entschlüpft, das andere belastet hätte.

Das K. Z. Ravensbrück war schlimm.

Mit dem Attentat vom 20. Juli habe ich nichts zu tun gehabt, kenne keinen dieser Leute.

Ich hatte zuviel Einfluß, mein Kreis war zu bedeutend geworden. Wir wollten soziale Hilfe leisten in dem Augenblick, wo diese Hilfe not tat. Daß dieser Augenblick kommen mußte, war klar. Wir wollten barmherziger Samariter sein, aber nichts Politisches."

Mit Begnadigung in letzter Minute rechnete sie nicht mehr. Sie wußte: Von dem Transport nach Plötzensee kommt keiner zurück.

Sie fühlte sich dennoch begnadigt, denn: „Wer an Jesus glaubt, der *hat* das ewige Leben."

„Christus spricht immer von Leben", äußerte sie: „Ich bin das Wort des Lebens. Ich gebe ihnen das ewige Leben" und: „Den ganzen Tag klingt es durch meine Seele: ich weiß, daß mein Erlöser lebt." Entmythologisierung stand nicht zur Frage, sondern die erfahrbare, erfahrene Wirklichkeit mit Christus.

Sie nahm das Abendmahl, eine Stärkung zum Aufbruch, wie einst das Judenvolk das erste Passahmahl aß vor dem Aufbruch in das verheißene Land.

„Ich bereue aufs tiefste, was ich durch Lieblosigkeit verdorben habe; dankbar bin ich für alle Güte, die ich erfuhr. Lobe den Herren, meine Seele, der dir alle deine Sünden vergibt."

Sie bekam noch drei Briefe. Zwei konnte sie lesen, bis es hieß: „Fertigmachen!" Dann wurde sie nach dem Aufstecken der Haare und dem Überstreifen des Kleides mit dem weiten Halsausschnitt gefesselt.

Früher hatte Pfarrer Ohm „in einer Nacht von 12 Stunden bei 198 Hinrichtungen" ausgehalten, um die Menschen nicht zu verlassen. „Die Hinrichtungen fanden nach der Stoppuhr statt." Neuerdings durfte er die Opfer nur bis zur Tür des Hinrichtungsraumes begleiten.

Elisabeth von Thadden ging – wie immer – „festen Schrittes, ohne Zittern". Sie wünschte keine – keine weitere – Verzögerung des nun ersehnten Schrittes über die Schwelle.

Im sogenannten Kreis der Frau Solf allein, zu dem Elisabeth von Thadden gemeinhin gezählt wird, hatten 76 Verhaftungen stattgefunden. Viele Personen wurden getötet.

Günther Weisenborn meldet, daß Plötzensee mit 593 Hinrichtungen im Jahre 1944 an zweiter Stelle hinter Brandenburg mit 906 Hinrichtungen steht. Schon in jedem der ersten Hitlerjahre war die Zahl der Hinrichtungen mehr als zehnmal so groß wie in den Jahren von 1871 bis 1933. Für die letzten Hitlerjahre gibt es keinen Vergleich in Rechtsstaaten.

Anhand des offiziellen „Mordregisters", so genannt, weil dort jeder Mörder und seine Hinrichtung verzeichnet werden mußten, stellte Rudolf Pechel sichere Zahlen fest. Das Register wurde seit 1871 geführt und enthält unter den Mordfällen nur die vollzogenen Todesstrafen, keine Begnadigungen (bis 1933 wurde möglichst oft begnadigt und nur im äußersten Fall das Todesurteil *nicht* umgewandelt). Die Todesurteile der Hitlerzeit hingegen wurden keineswegs nur für „Mord" ausgesprochen, in das „Mordregister" aber wurden auch diese Fälle eingetragen: grausig kehrte sich die Bedeutung der Bezeichnung um: Register nicht von Mördern, sondern Ermordeten.

Dort findet sich dieser Eintrag:

„Nummer 2073/74
von Thadden und andere
Geschäftsnummer IV g 27/44 g Rs
Mordregister Buchstabe T Nr. 498

v. Thadden	Kiep
Elisabeth	Otto
Helferin beim DRK	ehem. Gesandter
geb. 29. 7. 90	7. 7. 86
Mohrungen	Saltcoast/Schottland

        Deutsche ..." usw.

„Das beste Buch, das über Elisabeth von Thadden geschrieben werden kann, ist ihre Schule", sagte jemand. Im Oktober 1945 erreiche der Vorsitzende von Campenhausen des nie aufgelösten, mithin noch bestehenden Trägervereins „Ev. Landerziehungsheim Schloß Wieblingen" auf hartnäckiges Betreiben auch des alten Vorstandes – voran Marie Baum, Reinhold Buchwald und Herrmann Maas – die Wiedereröffnung des Schulinternates in Wieblingen als staatlich anerkanntes Privatgymnasium unter dem Namen der Gründerin. Ein Märtyrerkreuz aus Sandstein – mit abwärts geneigten Armen – neben der gotischen Kapelle im Garten erinnert an Elisabeth. Nach harten Mangeljahren der Nachkriegszeit konnte die Schule erheblich und aufs schönste erweitert werden, ganz entsprechend Elisabeths oft geäußertem Wunsch: mehr Platz für die wachsende Schule, mit Abituraufbau, „im alten Geist" – neu.

Udo v. Alvensleben
1814–1879
Besitzer von Erxleben usw.
⊗
Ehrengard v. Kröcher
1821–1895

Elisabeth v. Alvensleben
1846–1872

Otto v. Gerlach
1801–1849, Konsistorialrat,
Hof- und Domprediger
⊗
Sophie v. Blanckenburg
1804–1897

Leopold v. Gerlach
1839–1874
Hauptmann

Dr. jur. et phil. Karl Witte
1800–1883, Prof., Danteforscher
⊗
Auguste Hentschel v. Gilgenheimb
1806–1880

Marie Witte
1834–1922

Adolph v. Thadden
1796–1882, Landwirt
Führer der pommerschen
Erweckungsbewegung, Landtag
⊗
Henriette v. Oertzen
aus Brunn, 1801–1846

Reinhold v. Thadden-Trieglaff
1825–1903
Landrat

146

Dr. jur. Adolf v. Thadden-Trieglaff 1858—1932 Landrat

1889 ∞ 1. Ehe: Ehrengard v. Gerlach 1868—1909

1920 ∞ 2. Ehe: Barbara Blank, * 1895

Kinder aus 1. Ehe:

- Elisabeth v. Th.-Tr. 1890—1944 Internatsleiterin Hingerichtet
- Reinold v. Th.-Tr. 1891—1976 Dr. D. jur. et theol. Major, Präsident und Gründer des evangelischen Kirchentages usw. ∞ 1921 Elisabeth Freiin v. Thüngen: 3 Söhne gefallen und: Franz-Lorenz v. Th.-Tr., Journalist, Chefredakteur Prof. Dr. Rudolf v. Th.-Tr. (Historiker)
- Marie-Agnes Braune (Anza)
- Helene v. Th. Kreisfürsorgerin
- Ehrengard Schramm MdL/SPD/Niedersachsen und Gattin des Historikers und Pour-le-mérite-Trägers für Kunst und Wissenschaft Percy Ernst Schramm
- Adolf v. Th. MdL/NPD/Niedersachsen inzwischen aus der NPD ausgetreten

Kinder aus 2. Ehe:

- Maria
- Barbara
- Monika
- Astrid
- Gerhard

Literaturverzeichnis

Baum, Marie, Rückblick auf mein Leben. Heidelberg 1950.
– Leuchtende Spur. Das Leben Ricarda Huchs. Tübingen 1950.
– Anna von Gierke. Weinheim 1950.
Dulles, Allan Welsh, Germany's Underground. New York 1947.
– (deutsche Ausgabe) Verschwörung in Deutschland. Zürich 1948.
Foerster, Friedrich Wilhelm, Autorität und Freiheit. Kempten/München 1910.
– Erziehung und Selbsterziehung. Zürich 1919.
Hahn, Kurt, Erziehung zur Verantwortung, in: Aus deutschen Landerziehungsheimen. Stuttgart 1958.
– Die nationale und internationale Aufgabe der Erziehung. Essen-Bredeney 1958.
– Service by Youth, in: Bournville Works Magazine 1961.
Hammerstein-Equordt, Kunrat Freiherr von, Spähtrupp. 2. Auflage. Stuttgart 1964.
Heuss-Knapp, Elly, Schmale Wege. Erzählungen aus dunkler Zeit. Tübingen 1946.
Hühne, Werner, Thadden-Trieglaff. Ein Leben unter uns. Stuttgart 1959.
Lange, Helene, Was ich hier geliebt. Briefe. Tübingen 1957.
Lietz, Herrmann, Lebenserinnerungen. Weimar 1935.
Michaelis, Georg, Für Staat und Volk. Berlin 1922.
Oertzen, Friedrich Wilhelm von, Junker. Berlin/Frankfurt 1939.
Pechel, Rudolf, Deutscher Widerstand. Erlenbach-Zürich 1947.
Peter, K. H. (Hrsg.), Kaltenbrunner-Berichte, in: Spiegelbild einer Verschwörung. Stuttgart 1961.
Peyser, Dora, Alice Salomon, die Begründerin des sozialen Frauenberufs in Deutschland. 1958.
Poelchau, Harald, Die letzten Stunden. Berlin 1959.
Rauschning, Hermann, Die Entdeutschung Westpreußens und Posens. 1930.
– Die Revolution des Nihilismus. Zürich 1938.
– Hitler Speaks. London 1939.
– (deutsche Ausgabe) Gespräche mit Hitler. Zürich 1940.
Ritter, Gerhard, Carl Goerdeler und die deutsche Widerstandsbewegung. Stuttgart 1954.

Rosenstock, Eugen, Industrievolk 1924.
– Werkstattaussiedlung – Untersuchungen über den Lebensraum des Industriearbeiters. 1922.
Salomon, Alice, Frauenbewegung und soziale Frauentätigkeit. 1901
– Von Kriegsnothilfe und der Jugend Zukunft. 1916.
Schellenberg, Walter, Memoiren. Köln 1959 (SS-Brigadeführer im Reichssicherheitshauptamt).
Schlosser, Julie, Aus dem Leben meiner Mutter. Berlin 1923.
Schneider, Reinhold, Der Kreuzweg. Kolmar o. J.
Schramm, Ehrengard, Zum Gedächtnis von Elisabeth von Thadden-Wieblingen, in: *Thadden-Trieglaff*, Auf verlorenem Posten? Ein Laie erlebt den evangelischen Kirchenkampf. Tübingen 1948.
Schramm, Percy Ernst, Hitler als Feldherr. 2. Auflage. Frankfurt 1965.
Siegmund-Schultze, Friedrich, Friendly Relations between Great Britain and Germany. 1909.
– Die soziale Botschaft. Vorträge ... Berlin 1921.
– Max Josef Metzger, Märtyrer der Una Sancta, in: Ökumenische Profile, Heft III/4. Berlin o. J.
– Überwindung des Hasses. 1950.
Staff, Ilse, Justiz im Dritten Reich. Frankfurt 1964.
Stutterheim, von, Die Majestät des Gewissens. Das Leben Graf Albrecht Bernstorffs. Mit einem Vorwort von Theodor Heuss. 1962.
Volksgerichtsprozesse zum 20.7.1944 (Bruchstücke auf Tonbändern). Hrsg. vom Lautarchiv des dt. Rundfunks in 250 Exemplaren. 1961.
Weisenborn, Günther, Der lautlose Aufstand. Ungekürzte Ausgabe. Hamburg 1953.
Witte, Karl, Dante-Übersetzung 1821.
– Karl Wittes höchst glückliche Kindes-, Knaben- und angehende Jünglingsjahre. 1843.
Zeller, Eberhard, Geist der Freiheit. 4. Auflage. 1963.
Zipfel, Friedrich, Gestapo und Sicherheitsdienst in Berlin. Jahrbuch für Geschichte Mittel- und Ostdeutschlands. Bde. 9/10.
– Gestapo und Sicherheitsdienst. Das Dritte Reich 3/60. Berlin.

Ungedrucktes

Ricarda Huchs Fragmente mit freundlicher Erlaubnis ihrer Tochter Marietta Böhm (2 Schreibmaschinenseiten).
Dorothee von Velsen, Brief 1946.
Agnes von Zahn-Harnack, Aufsatz über E. v. Th. 1946.
Nora Winkler von Kapp, Aufsatz über E. v. Th. 1946.
Briefe und Berichte von Mitarbeitern und ehemaligen Schülerinnen E. v. Th.'s.
Briefe E. v. Th.'s, ihrer Angehörigen und Freunde aus privater Hand, desgl. vom Gefängnispfarrer und von Beamtinnen.

Archive

Kirchliches Zentralarchiv Berlin, Sammlung Friedrich Siegmund-Schultze
  (ehem. Ökumenisches Archiv Soest)
Landerziehungsheim Elisabeth-von-Thadden-Schule, Heidelberg-Wieblingen
Bundesarchiv Koblenz
Institut für Zeitgeschichte München
Document Center Berlin
Zeitzeugen
Gesprächsprotokolle
Briefe Beteiligter oder Angehöriger an die Verfasserin

Mein herzlicher Dank gilt allen, die Material zur Verfügung stellten.

Abkürzungen

AA	Auswärtiges Amt
BDM	Bund deutscher Mädel (in der Hitlerjugend)
DCSV	Deutsche Christliche Studentenvereinigung
Gestapo	Geheime Staatspolizei
HJ	Hitlerjugend
KZ	Konzentrationslager (zur „Umerziehung")
NS	Nationalsozialismus
NSDAP	Nationalsozialistische Deutsche Arbeiterpartei
NSV	Nationalsozialistische Volkswohlfahrt
OKW	Oberkommando der Wehrmacht
PG	Parteigenosse
SA	Sturmabteilung
SAG	Soziale Arbeitsgemeinschaft Berlin-Ost
SS	Saalschutz (ursprünglich, später: Sturmstaffel)

Personenverzeichnis

Witte, Karl, Prof. Dr. jur. u. Danteforscher 12
Woedtke, Lena von 138
Wölber, Detta 50f.

York von Wartenburg, Ludwig Graf von, preuß. General 126

Zahn-Harnack, Agnes von 52
Zarden, Dr. Arthur, Staatssekretär 78ff. 97 102 132
Zarden, Irmgard 78ff. 97 102ff. 123ff. 129
Zipfel, Friedrich, Prof. Dr., Historiker († 1979) 60

Im gleichen Verlag sind erschienen

Köhler, Joachim
Vor dem Sondergericht — Eine Dokumentation zum Kirchenkampf in Schlesien —
Der Breslauer Diözesanpräses Gerhard Moschner wurde aufgrund des sogenannten Kanzelparagraphen durch das Sondergericht für den Oberlandesgerichtsbezirk Breslau am 21. Januar 1936 anstelle einer verwirkten Gefängnisstrafe von einem Monat zu 600 Reichsmark und zur Tragung der Kosten des Verfahrens verurteilt. Er war angeklagt worden, öffentlich gehässige, hetzerische Äußerungen über leitende Persönlichkeiten des Staates oder der NSDAP gemacht zu haben, die geeignet waren, das Vertrauen des Volkes zur politischen Führung zu untergraben. Der Wortlaut von Moschners Rede in Ratibor, Anklageschrift und Verteidigungsschrift und das Urteil sind erhalten geblieben und werden im vollen Wortlaut veröffentlicht. Dadurch gewinnt man einen Einblick in den damaligen Kirchenkampf und in die Lage eines Priesters, der den Mut hatte, den Glauben öffentlich zu verteidigen.

Engfer, Hermann (Hrsg.)
Das Bistum Hildesheim 1933—1945 — Eine Dokumentation —
Mit großer Sorgfalt und Umsicht haben Herausgeber und Mitarbeiter aus den Archiven — Bundesarchiv, Staatsarchive, Bistumsarchiv, Pfarrarchive — das Material zusammengetragen und ausgewertet, um diese Dokumentation über den Kirchenkampf des Dritten Reiches, räumlich begrenzt auf das Bistum Hildesheim, zu erstellen. In vielen Fällen reichen die vorhandenen Dokumente nicht aus, weil entweder die staatlichen Stellen nichts Schriftliches von sich gaben oder die Akten vernichtet sind. Dann sind persönliche Erinnerungen der Betroffenen oder derer, die die Ereignisse aus unmittelbarer Nähe miterlebten, herangezogen. Schon aus diesem Grund war es Zeit, an diese Arbeit heranzugehen, weil solche Zeugen in absehbarer Zeit nicht mehr zur Verfügung stehen werden. Kampf um die katholische Schule, um die kirchliche Presse, um die Seelsorge, um katholische Verbände und Vereine, Schließung von Ordensniederlassungen, Prozesse, Gefängnis, Zuchthaus, Konzentrationslager, bis zu den Blutopfern aus dem Diözesanklerus. — Das ist in Stichworten der Inhalt des umfangreichen Bandes.

Mlynek, Klaus
Gestapo Hannover meldet ... — Polizei- und Regierungsberichte für das mittlere und südliche Niedersachsen zwischen 1933—1937
Für die Jahre 1933 bis 1936 gehören die periodischen Lageberichte der Staatspolizeistellen und der Regierungspräsidenten zu den wenigen Quellen, die geeignet sind, ein relativ verläßliches Bild von Stimmung und Haltung der Bevölkerung in den Anfangsjahren der NS-Zeit zu vermitteln. Leider sind diese Berichte für die meisten deutschen Regierungsbezirke nur sehr lückenhaft überliefert. Von daher muß es als besonderer Glücksfall betrachtet werden, daß die Lageberichte der Staatspolizeistelle Hannover — zuständig bis Ende 1935 auch für den Regierungsbezirk Hildesheim und damit für einen großen Teil des heutigen Bundeslandes Niedersachsen — vollständig erhalten geblieben sind. Sie werden hier erstmals ediert, ergänzt durch die Lageberichte des (der) Regierungspräsidenten sowie durch lageberichtsähnliche Dokumente aus dem Jahre 1933 und einem zusammenfassenden Bericht der Staatspolizeistelle Hannover für das Jahr 1937.
Der vertrauliche Charakter der Berichte und die Tatsache, daß sie Nachprüfungen sowie dem Vergleich mit der jeweils konkurrierenden Berichterstattung (also der Staatspolizeistelle bzw. des Regierungspräsidenten) standhalten mußten, sind Garanten für ihre Zuverlässigkeit, auch wenn subjektive Momente in Rechnung gestellt werden müssen.
Von einer gründlichen Analyse der Berichte sind vor allem neue und interessante Aufschlüsse über (Alltags)konsens und -opposition, d. h. über den Grad der Zustimmung bzw. Ablehnung, zu erwarten, den das NS-Regime in breiten Bevölkerungsschichten erfahren hat.

Rainer Schulze · Doris v. d. Brelie-Lewien · Helga Grebing
Flüchtlinge und Vertriebene in der westdeutschen Nachkriegsgeschichte — Bilanzierung der Forschung und Perspektiven für die künftige Forschungsarbeit

Nach einer weitgehenden Stagnierung der Forschungen über die der zeitgenössischen Öffentlichkeit als gelöst erschienene Flüchtlingsfrage in den 60er Jahren brachten erst die 80er Jahre neue Forschungsanstöße. Ein überregionales Symposion mit rund 50 Wissenschaftlern aus den verschiedensten Fachdisziplinen, darunter Historiker, Volkskundler, Sozial-, Politik- und Wirtschaftswissenschaftler, Migrationsforscher, Demographen und Statistiker, versuchte im Juni 1986 die Brücke zwischen älterer und jüngerer Flüchtlingsforschung zu schlagen. Ziel der Tagung war es, den aktuellen Forschungsstand zusammenzufassen und künftige Forschungskonzepte und Forschungsstrategien aus vorliegenden, bisher jedoch noch nicht gebündelten und hierfür nutzbar gemachten Forschungsansätzen zu entwickeln. Der wünschenswerte Neueinstieg in die wissenschaftliche Bearbeitung dieses für die politische, wirtschaftliche und gesellschaftliche Entwicklung der Bundesrepublik zentralen Themenbereichs wird nach den Ergebnissen dieser Tagung mit einem Perspektivenwechsel bzw. einer Perspektivenerweiterung einhergehen müssen. Flüchtlinge und Einheimische müssen stärker zusammen betrachtet werden — beide waren von den grundsätzlichen strukturellen Veränderungsprozessen in den Westzonen bzw. der Bundesrepublik betroffen. Ein bisher eher statisch gehandhabter Integrationsbegriff, aber auch bislang angenommene zeitliche Zäsuren und Erfolgsdaten werden diesem beiderseitigen Anpassungs- und Veränderungsprozeß nicht gerecht. Auch wenn Antworten meist noch fehlen, so sind hier viele neue Fragen aufgeworfen, die in weiteren Forschungen aufgegriffen werden sollten. So wurde vorgeschlagen, stärker als bisher die historischen, politischen und kulturellen Traditionen der Herkunftsgebiete der Flüchtlinge und ihre Lebensgeschichte in die wissenschaftliche Bearbeitung des Themas miteinzubeziehen. Diskutiert wurden auch Quellen- und Methodenprobleme, die sich daraus ergeben. Der Band enthält Frageansätze und Überlegungen aus der Migrationsforschung über Kontinuitäten und Brüche im Wanderungsgeschehen in Deutschland und über die Erkenntnismöglichkeiten einer sozialhistorisch orientierten Migrationsforschung. Volkskundler fassen die bisherigen flüchtlingsbezogenen Beiträge und Ansätze ihrer Fachdisziplin zusammen. Aus politik- und wirtschaftswissenschaftlicher Perspektive werden Fragen der Flüchtlingsverwaltung und der wirtschaftlichen Veränderungsprozesse erörtert. Schließlich werden in Regionalberichten bisherige Arbeitsergebnisse zusammengefaßt und laufende Untersuchungsvorhaben vorgestellt. Die mit Anmerkungen und weiterführenden Literaturhinweisen versehenen Beiträge ermöglichen einen Neueinstieg in einen Themenbereich, der lange Zeit politisch belastet war und von dem bis heute Verunsicherungen ausgehen. Die Absicht, diese Verunsicherungen abbauen zu helfen, Bilanz zu ziehen und der künftigen Flüchtlingsforschung neue Impulse zu geben, führte zur Herausgabe des vorliegenden Bandes.